ゲラーさん、ニッポンに物申す

東京大学名誉教授
ロバート・ゲラー
ROBERT GELLER

東京堂出版

はじめに

一九五二年、私はアメリカ東海岸のニューヨーク市に生まれ、高校まで過ごした。アメリカ西海岸のカリフォルニア工科大学（通称「カルテク」）を一九七三年に卒業した後は、大学院を経て、博士号を取得後、約一年間カルテクの研究員として勤務し、その後一九七八年にスタンフォード大学に教員として移り、地震学研究を続けた。

日本との付き合いは、カルテクの四年生のとき、国際的に活躍する地震学者、金森博雄先生に師事したところから始まる。金森先生が東京大学地震研究所に勤めていたこともあり、一九八四年八月、私は東京大学理学部地球物理学科（当時）の助教授として来日する。一九九九年からは大学院理学系研究科教授に昇任した。外国人で東京大学の任期なしの教員として採用されたのは、私が第一号だった。

二〇一七年三月、私は長年勤めた東京大学を退職し、同年六月に名誉教授の称号を得た。そして今も海外の友人や弟子たちと研究をともにし、論文を執筆している。また国内外の研究会に参加し、ときには講演などを引き受け、忙しく過ごしている。今や、アメリカより日本で過ごした年月の方が長くなった（人生の半分以上だ）。そんな自分の人生を考えると、感慨もひとしおである。

私は地球物理学（地震学）を専門としている。だが最近の研究分野は細分化されており、地震学の中の私の主要研究テーマは「地震波動論」である。詳細は省くが、これは、応用数学（数値計算およびデータ解析）を使っての研究である。本書ではまず、この専門領域についても触れていない。一研究者として、現時点で地震についてわかっていることと、今の学問ではわかっていないことはなにかを、正確に伝えたいと願っている。

日本はまさに地震大国であり、津波大国だ。私が日本にいる間に、たくさんの大地震が起きてきた（カッコ内は地震の規模を示すマグニチュードの数値、死者と行方不明者の総計。死者一〇人以上の地震に限る。二〇一八年一〇月一五日現在）。

一九八四年九月一四日　長野県西部地震（M六・八、二九人）
一九九三年七月一二日　北海道南西沖地震（M七・八、二三〇人）
一九九五年一月一七日　兵庫県南部地震（阪神・淡路大震災）（M七・三、六四三七人）
二〇〇四年一〇月二三日　新潟県中越地震（M六・八、六八人）

二〇〇七年七月一六日　新潟県中越沖地震（M六・八、一五人）
二〇〇八年六月一四日　岩手・宮城内陸地震（M七・二、二三人）
二〇一一年三月一一日　東北地方太平洋沖地震（東日本大震災）（M九・〇、二万二二三三人）
二〇一六年四月一六日　熊本地震（M七・三、二七一人。二日前のM六・五の死者を含む）
二〇一八年九月六日　北海道胆振《いぶり》東部地震（M六・七、四一人）

私が来日する前から今日に至るまで、日本政府と政府の紐付きの「御用地震学者」は盛んに「地震予知研究」の必要性を喧伝してきた。彼らは政府から巨額の予算を引き出し、何十年にもわたってせっせと「地震予知」という夢物語に「人様のお金」で挑み続けてきている。だがこの研究は何ら進展を見せず、一度も「地震予知」が実現しないまま、右記の大地震が次々と発生してしまった。

本当のことを言えば、約六〇年前の段階で御用地震学者は「地震予知は所詮無理」だということを知っていた。にもかかわらず「地震予知」という旗を掲げ、予算を獲得し続けてきたいわば確信犯だった。残念ながらこの事実の責任を、すべて「御用地震学者」だけに押し付けることは厳しすぎるだろう。行政当局、財政当局、そしてNHKをはじめとするマスメディアにも重い責任がある。

なぜ日本人は「地震の予知はできる」という神話に騙され続けてきたのだろうか。その理由は、本書の中で詳しく述べるが、そこには現在の日本社会のいくつかの構造的問題があるように思う。多くの分野では一度方針を決めたらうまくいっていなくても計画を軌道修正したりストップさせたりすることができないのだ。そして誰も責任を取らないままの状況が、いつまでも続く。

これは「日本人の国民気質」ともいえるが、明治維新以後の日本政府の体質の問題だとも私は思う。不作為は出世への王道であり、イニシアティブをとって問題解決に努めれば左遷への道につながりかねないからだ。

その一例として、日本が第二次世界大戦に突入するきっかけとなった真珠湾攻撃をあげたい。私が生まれる一〇年も前の出来事ではあるが、この事件はアメリカでは今も学校の授業で教えられ続けている歴史的事件である。

一九四一年一二月八日未明（アメリカ時間では七日）、日本海軍の機動部隊はアメリカ合衆国ハワイの真珠湾の軍港に奇襲をしかけた。だが日本軍は二度にわたって攻撃を加えた後、引き揚げてしまう。引き揚げた理由については諸説あるが、日本軍の現場司令官は命令で定められた範囲内での行動（二度にわたって攻撃すること）に忠実に従い遂行したものの、現場の状況判断でもって攻撃を続ける、という選択肢はとらなかった。真珠湾攻撃のときにダメージを受けずに済んだアメリカの空母は、一九四二年六月五〜七日（アメリカ時間では四日〜）に行われたミッドウェー海戦で日本海軍の船に大きなダメージを与える。日本海軍の観点からいうと、真珠湾攻撃の際に二度の攻撃で止め三度目以降の攻撃を怠ったことは、結果的に大失敗だったといえる。

戦争においては、相手の燃料をなくさせて反撃できないようにするか、あるいは空母を沈没させることで壊滅的な打撃を与えるかのいずれかが終わるまでは、攻撃の手を緩めないのがいわば常識であろう。

アメリカ陸軍では、将校たちは次のようなことを叩き込まれる。「When in doubt, attack!」。つまり、「どうしたらよいのかわからないときは、（自分で判断して）攻撃せよ」。すなわち「現場の責任者がイニシアティブを取りなさい」ということだ。つまりアメリカ軍では不作為は問題だと考えられている。現場の判断によって攻撃して失敗しても、責任は取らせない。もちろん「この範囲は超えるな」などといった具体的な命令が出ているときは、それを守らなくてはならない。

結局真珠湾攻撃は中途半端なもので終わり、日本は後々の戦いで手厳しい反撃を受けてしまう。もちろん結局は日本の敗戦は避けられなかっただろうが、もしも真珠湾で再度攻撃を仕掛けていれば、日本はさらに長く戦い抜いたことと思う。

日本では不作為をマイナス評価とは見なさないようだ。それは「地震予知」問題についても同様である。だから日本の災害対策は今も「敗北」への道をひた走っているのだ。


本書では、日本のいくつかの大きな「問題」を取り上げ、私なりの分析を加えた上で考えを紹介している。

なぜそれが起こったのか。どのような背景があるのか。

科学者である私は、専門の地震学に留まらず、さまざまな問題を考えるにあたってもきちんとデータの裏付けをとる習性が身に染みついている。ただ本書では読者が読みやすいように、本文中では専門的な説明は省いている。さらに詳しく知りたいと思う方は、巻末に参考文献や追加の解説を加えている（「参考文献・補足解説」）ので、そちらを参照してほしい。

本書第1章「『地震予知』という幻想」では、私の専門である地球物理学（地震学）の知見から、日本政府と御用地震学者が取り組む「地震予知」に何ら信憑性がないという事実を喝破したつもりである。この章は私の前著『日本人は知らない「地震予知」の正体』（双葉社）の延長線にある。

第2章「止まらない研究不正」では、ノーベル生理学・医学賞を受賞した山中伸弥所長が率いる京都大学iPS細胞研究所で起きた前代未聞の研究不正、そして理化学研究所の元研究員小保方晴子氏が発表した「STAP細胞」のインチキ論文事件を取り上げながら、研究者の世界で繰り返される不正について論ずる。なぜ不正は止まないのか。不正を生むさまざまな要因について、長年日本の研究界に身を置いている立場から、私の考えを述べたい。

第3章「年間一万五〇〇〇人が受動喫煙で死亡する日本」では、喫煙推進派と受動喫煙撲滅派の攻防戦を紹介する。禁煙賛成派の読者も反対派の読者も、ともにこの章を読んで議論を深めてほしい。二〇二〇年に東京オリンピックが開催される。ホスト国日本におけるこの議論のゆくえを、世界中が注視している。

第4章「『使えない』英語教育」では、なぜ学校教育を通して「使える英語」が身に付かないのかという問いへの答えを見出すべく、学校での英語教育の問題点を指摘した。私は東京大学勤務時代、大学での英語教育について事あるごとに提言を行ってきた。真のグローバル化を目指すには、英語教育の抜本的改革が必要であろう。

第5章「知られざるアメリカの正体」では、アメリカの近現代史に深く刻まれている黒人奴隷制度と人種差別問題を取り上げながら、二〇一七年一月二〇日に就任したドナルド・トランプ大統領のアメリカがどのような状態に変容しているのか分析する。さまざまな問題が起こっているのは、この日本だけではない。私の祖国アメリカで今起こっていることは、アメリカ人として恥ずかしくなる醜態だ。私は長年にわたって熱心な政治ウオッチャーとして、政治状況（日米ともに）に深い関心を抱き、ツイッターなどで意見を発信してきた。問題は根深い。日本政治で起こっていることとて、その原因は一朝一夕に生まれたものではないだろう。一日も早く、アメリカがまっとうな状態に戻ることを強く願っている。

「地震予知」の可能性について強い興味がある読者は、第1章から順に読み進めてほしい。他のテーマに関心がある読者は、その章から読み始めてもらっても一向に構わない。

本書に書かれていることは、あくまで一人の研究者から見た日本像だ。私はアメリカ人で、これまでの教育と人生はむろんこの本のコンテンツに大きな影響を与えただろうが、本書では、アメリカ人としてではなく、一個人として「ロバート・ゲラーはこう考えている」と述べるつもりだ。

大学の学部教育において、入門科目を担当すると、自分がすでによく知っていることを改めてフレッシュに考える貴重なチャンスになると感じる。同様に、本書を上梓することで、読者が自分たちの国について改めて考えるきっかけになれば嬉しく思う。自分たちの姿を第三者の目で客観視してみれば、日本の見え方がかつてとは変わってくるだろう。

そして本書を読み終わった後で、二一世紀の新しい日本像について思いをめぐらせてほしい。

国をつくるのはトップにいる為政者（政治家）や行政官（官僚）ばかりではない。国をつくるのは、この本を手に取っているあなた方一人ひとりなのだから。

二〇一八年一〇月

ロバート・ゲラー

第2章 止まらない研究不正

第3章 年間一万五〇〇〇人が受動喫煙で死亡する日本

第4章

「使えない」英語教育

第5章

知られざるアメリカの正体

第1章

「地震予知」という幻想

自然科学の限界

私が前著『日本人は知らない「地震予知」の正体』を緊急出版したのは、二〇一一年三月一一日に東日本大震災が起きた直後のことだ。毎日のように余震が続く中、東京大学本郷キャンパスにある研究室だけでなく自宅でも執筆作業を続けたことを、今も鮮明に覚えている。

一九六五年以後、日本政府は膨大な研究費と人件費をかけて「地震予知」に取り組んできた。だがその志は良しとしても、結果を全く伴っていない。

サイエンスは、何でも実現できる魔術ではない。掲げたスローガン（例えば「地震予知」）が人類にとってどれだけ「役立ちそうなもの」であっても、また、それにどれだけ多くの予算を注ぎ込んだとしても、結局役に立つ成果が得られないことは、実は非常によくあることだ。錬金術しかり、不老不死の薬しかりだ。一方、しっかりした基礎研究を重ねることで運よく理論を構築するところまでこぎつけられれば、後でその成果を応用研究（つまり、実際に人類に役立つもの）に繋げることができる事例もたくさんある。

だが、地震予知のように、どう頑張っても所詮無理な研究課題もある。その理由については後ほど詳しく述べるが、事実、あれほど大規模な東日本大震災が東北太平洋地域に発生し巨大津波をもたらすことを、誰も予見できなかったではないか。地球の奥深くで何が進行し、どんなメカニズムで地震が発生しているのか、今日に至るまで全く解明できていないのだ。だから、地震を予知することはできていないのが現状である。そして、近いうちにその見通しが立つ見込みもないと、私は断言する。

ではー〇〇年か一〇〇〇年後の予知だったらできるのかと尋ねる人もいるかもしれない。これに対しても、私は「ノー」と答える。もちろん、誰かが不老不死の薬を開発して、一〇〇年後に万一私のこの意見が間違いだとわかれば、私は責任を取るつもりであるが。

実に一世紀も前に物理学者寺田寅彦（一八七八〜一九三五）東京帝国大学（現東京大学）教授は「信憑すべき実用的の〔地震の〕予報は不可能に近し」と結論づけた。一〇〇年後の今も、寺田教授の発言には特に訂正すべきものはない。彼の発言を裏付けた科学的根拠は私の見解を裏付ける根拠とほぼ同じなので、さらにこれから一〇〇年経っても、寺田教授と私は同じ思いを持ってお墓で静かに眠っていることだろう。

誰も予想できなかった東日本大震災と熊本地震

地震予知研究の失敗例は、国内外ともに枚挙にいとまがない。

それについては追々述べることにして、まずは二〇一一年に東日本大震災が発生して以降の日本で、どのような地震災害が起きたのか、振り返ってみよう。

最初に取り上げるのが、すでに「はじめに」で列挙した二〇一六年四月一四日二一時二六分、熊本県を震源とする最大震度七の地震である。地震の規模を示すマグニチュードは六・五だった。大震災とは無縁と思われていた熊本県で、よもやあれほど大きな地震が起きようとは、誰も予見していなかった。

あのとき気象庁は記者発表で次のように述べた。

「これから一週間以内は、大規模な余震にご注意ください」

これを受けてコメンテーターは、同じような注意をテレビやラジオ、新聞などで繰り返し流した。

それから二日後に何が起きたか。

四月一六日一時二五分、一回目（一四日）の規模を上回るマグニチュード七・三の巨大地震（最大震度七）が再び起きたのだ。阪神・淡路大震災（一九九五年一月一七日）と同規模の巨大地震だ。この結果から見ると、四月一四日の地震は前震であって、本震は四月一六日だったのだ。またしても「地震予知は不可能」という厳しい現実が露見した。

そして二〇一八年六月一八日、大阪府北部で最大震度六弱の地震が発生した。大阪府内で震度六弱の地震が起きたのは、関東大震災（一九二三年）から今日に至るまで初めてのことだ。なお、阪神・淡路大震災は兵庫県内で発生しているため、大阪府での地震には含めていない。

「想定外」はとまらない。二〇一八年九月六日に発生した北海道胆振《いぶり》東部地震（最大震度七、マグニチュード六・七）も大きな被害をもたらした。

東日本大震災も熊本地震も、そして大阪大地震も、北海道胆振東部地震も、いったい誰が予見していただろうか。これらの震災が起きることを想定できていた者は、日本中どこにもいない。

政治家（永田町）、官僚（霞が関）、御用地震学者、マスメディアが「四位一体」となって、日本国民は「地震予知」という幻想に踊らされているのだ。

長年信奉されてきた「当てずっぽうの地震予知」

マスメディアの報道を見ていると、よく「三〇年以内に南海トラフ巨大地震が起きる可能性は八〇％」「三〇年以内に首都直下型地震が起きる可能性は七〇％」といった長期予測が報じられている。報道を見るたび、いずれ訪れるかもしれない大災害を想像し、震え上がる人も少なくないはずだ。

こうした長期予測は、「大地震は繰り返し周期的に発生する」という「周期説」（弾性反発説、あるいは空白域説ともいう）に基づいている。やや専門的な話になるが、少々お付き合いいただきたい。

この「周期説」は、アメリカのジョンズ・ホプキンス大学の地質学者Ｈ・Ｆ・リードによって一九一〇年に提唱されたものだ。多くの研究者はこれが当然正しいと思い込んだ。客観的検証がなかったからだが、ごく最近ようやく行われた検証の結果、「周期説」は正しくないことが確認された。

また一九六〇年代の後半に、地球科学者の間では「プレート・テクトニクス理論」が定説となった。この説の提唱は地球科学分野における「科学革命」と評価されている。これによると、地球の表面にはいくつもの巨大なプレートが存在する。プレートはそれぞれがほとんど変わらない速度で動く。世界で最も規模が大きい地震のほとんどは、プレートの境界（特に沈み込み帯）で発生している。なぜなら、プレート同士が異なる動きをすること（相対的運動）で蓄積されるひずみが解放されるときに大きな地震が起こるからだ。ちなみに、日本の太平洋沿岸の沖合では、年間数センチの速度でプレートが地球内部へ沈み込んでいる。

一九七〇年代になると、アメリカ・コロンビア大学の研究者たちは「周期説」と「プレート・テクトニクス理論」の合わせ技で巨大地震の長期的予測をしようと考えた。そこで彼らは動き続けるプレートのデータとこれまでの巨大地震発生データを集め、周期説的発想に基づいた長期予測を行った。プレートの境界に巨大なひずみができるとエネルギーが蓄積され、それが限界に至ると、周期的に大地震が起きると考えたのだ。予測結果によ り、世界のプレート境界は「特に危ない」「特に安全」「リスクが平均的」の三つのカテゴリーに分類された。

さて、ここで自然科学研究の大原則について確認しておきたい。科学研究では、結果がすべてだ。つまり、「直感的にわかりやすい」とか「ごく当たり前だ」と考えられる学説であっても、実際に観測されたデータ（もしくは室内実験で測定されたデータ）と予測値が合わなければ、その説はダメだとされる。これは、ノーベル物理学賞受賞者のリチャード・ファインマン（一九一八〜一九八八）が述べたことだ。

ここで、周期説に基づいたコロンビア大学の長期的予測が正しかったかどうかについて話を戻そう。この長期的予測の信憑性を検証するためには、一〇年以上待って彼らの予測が正しいかどうか採点するしかなかった。これも自然科学研究の大原則だ。周期説を含めさまざまな説を検証する場合、これまでのデータで説明できるようにみえるとしても、これは単なる「確証バイアス」（主観的に都合のよいデータに重みを置き、不都合なデータを無視する傾向）にすぎない可能性がある。従って、検証には必ずその後のデータ（説が提唱された後のデータ）を使用すべきなのだ。

コロンビア大学の研究者たちの予測試算の評価を行ったのは、カリフォルニア大学ロサンゼルス校（ＵＣＬＡ）の研究チームだった。その結果は、コロンビア大学チームの予測試算の的中率は「統計学的に有意ではない」というものだった。つまり、周期説は正しくない、ということである。

もちろん、周期説が間違っているとしても、コロンビア大学の研究者を責めるつもりは毛頭ない。彼らが、後世の研究者が検証可能な形で学説を提唱したことは高く評価すべきだし、周期説が誤りだとわかったことこそ科学の進歩である。

人類と地球科学の時間感覚のミスマッチ

ここで、地球の歴史をちょっとひもといてみよう。

地球はこれまで、四六億年にわたる悠久の歴史を歩んできた。天文学的時間を過ごしてきたわけで、人間の平均寿命（八〇歳）を単位とすると、地球はその約六〇〇〇万倍の「寿命」だ。四六億年という地球の歩みから見れば、人間が必死で数値化しようとしている「二〇年以内」「三〇年以内」といった地震予測は一瞬の出来事であり、もっと言えば誤差の範囲である。

南海トラフ巨大地震も首都直下型地震も東海地震も、ほぼ間違いなく近いうちに起こるとはいえる。しかし、その「近いうち」は人間の感覚の「近いうち」ではなく、地球科学の感覚で言うところの「近いうち」だ。四六億年という時を刻んできた地球にとっての「近いうち」とは、おそらく一〇〇〇年前後のくくりだ。それは明日かもしれないが、二〇～三〇年後かもしれないし、一〇〇年後、二〇〇年後かもしれない。あるいは一〇〇〇年後の今日かもしれない。いずれも地球にとっては「近いうち」なのだ。

既述したように、周期説に基づく長期的予測も「有意でない」と検証された。今後全く新しい他の経験的長期予測手法の開発が論理的に可能だとしても、我々人類が持つ、たかだか一〇〇年程度の計測データではるかに足りないし、古文書やかつての断層の動きについての地質調査を付け加えても、正確な経験的予測のためのデータとしては全く足りない。

つまり、地震活動データの統計学的分析は自然科学研究としては面白いが、人間社会にすぐ役立つものにはなり得ないのだ。

御用地震学者たちによる地震調査研究推進本部

地震大国で暮らす日本の人々は、誰しも「いつ大震災に遭遇するのだろう」と心のどこかで脅えている。できることならば、自分が生きている間に震災には遭遇したくない。震災が起きるのならば、なんとかして事前にその情報を知りたい。だからみんな政府の長期的予測に耳をそばだてる。

だが二〇年、三〇年といった長期的スパンの地震予測の根拠となっているのは、先ほど述べたように「周期説」だ。この説が当てずっぽうのいい加減な中身だということは、二〇世紀の終わりの段階でＵＣＬＡの研究者たちによって結論が出された。ところが恐るべきことに、日本の御用地震学者たちは、この当てずっぽうの「周期説」をいまだに取り下げていない。

ここで私がなぜ「御用地震学者」と言うか、その意味と背景について一言申し上げておこう。日本政府は専門家からなる諮問委員会（審議会、有識者委員会とも呼ぶ）を頻繁に招集してはそこからアドバイスをもらう。しかしながら、そもそも政府はお気に入りの有識者しか委員として任命しない（例えば、地震関連の審議会に私は一度も呼ばれていない）。頻繁に政府からお呼びがかかる委員たちは、政府にとって都合のいい、そして政府の言いなりに動いてくれる人たちだ。こういった研究者たちを「御用学者」と呼ぶ。この類の研究者はどこの国にもいて、例えば英国では同様の人々のことを「the great and the good」（直訳すると「偉大かつ善良な人々」）と呼ぶ。

一方、アメリカなどでは、ときどき政府の見解に対して中立（たまに反対）の意見を持つ人が委員に任命されることもある。アメリカの審議会では多数決で結論を出すが、負けた少数派は別途報告書（「マイノリティ・レポート」という）を発表することができる。日本では政府見解と異なる意見を持つ研究者が任命されることはまずないし、マイノリティ・レポートの作成といったことも全く行われない。多数派、少数派がそれぞれの意見を文書で残すことは、次世代にとっての貴重な参考資料になるに違いないし、せっかくの議論を広く共有できないのは、大変残念なことと思う。

本題に戻ろう。一九九五年一月一七日に発生した阪神・淡路大震災をきっかけとして、政府（当時は旧科学技術庁内、現在は文部科学省内）に地震調査研究推進本部（以下、「地震本部」と呼ぶ）が設置された（現在の地震本部長は文部科学大臣）。地震本部内には調査観測計画部会、地震調査委員会、活断層評価分科会、海溝型分科会、強震動評価部会、地震動予測地図高度化ワーキンググループ、津波評価部会など、いくつもの下部組織が置かれている。

これらに所属する委員には政府高官や官僚も名を連ねるが、研究者は全員がまさに御用地震学者たちなのだ。彼らは「周期説」が既に間違っていると国際的にも明らかにされたにもかかわらず、現在も周期説に基づいた地震予測を平気で毎年発表し続けている。

地震本部が、ハザードマップ（正式名称は「確率的地震動予測地図」）と呼ぶ、試算された地震動の確率を地図上に示したものを毎年発表していることはよく知られている。

この毎年更新するハザードマップは、今でも地震本部の「目玉商品」だ。ハザードマップでは、色が濃い部分ほど特定の震度（例えば六弱）の揺れの確率が高いとされる。

地震本部のハザードマップ第一号が発表されたのは二〇〇五年のことだが、このようなハザードマップを作成する手法は一九六八年にアメリカで開発されたものだ。その後、一九八四年に東京大学地震研究所の教授二名（その二名とも現東京大学名誉教授）とアメリカの研究者二名は、アメリカで開発された手法を使ってアメリカ地震学会出版の学術雑誌に日本のハザードマップを公表した。この文献こそ、現在の地震本部のハザードマップの原点である。

これらの一連のハザードマップも、すべて周期説に基づいている。そして周期説自体が既に科学的根拠を失っているにもかかわらず、今日でも、意味のない、しかも現実と異なるハザードマップが次々と作成されている。そしてこれは日本だけではなく、世界中で作成されており、地震学にとって大きな問題となっている。この問題について欧州の学術雑誌に私は数編の論文を発表したことがあるが、ここでは省略する。

ハザードマップは「ハズレマップ」

通常、地震は起きた後に名前を付けられる。例えば、気象庁は一九九五年一月一七日五時四六分に神戸で起こった地震を当初「兵庫県南部地震」と呼び、その後、政府によって正式に「阪神・淡路大震災」と名称が付けられた。

地震本部は、ほぼ毎年ハザードマップを更新しているが、基本的にストーリーはいつも同じだ。「『南海トラフ巨大地震』（東海・東南海・南海地方の沖合に迫っているとされる）は危ない！」「『首都直下地震』（と命名された）は危ない！」の一点張りだ。だが前述したように、本来起きてもいない地震に名前を付けるのは地震学分野の常識に反する。私は、これらの起きていないが命名された、いわば想定上の地震を「シナリオ地震」と呼ぶ。

ＮＨＫをはじめとするマスメディアはこれらの「シナリオ地震」に疑問を呈することなく、地震本部の主張を「真実」のごとく垂れ流している。地震本部関係の御用地震学者が、まるで地震学の権威のように扱われてきているのだ。

ところが、二〇一一年三月一一日、マグニチュード九・一の地震が日本を襲った。震源地は地震本部が煽り続けた東海・東南海・南海地方の沖合ではなく、東北（岩手県から茨城県まで）の太平洋岸沖合だった。

三・一一直後、私はイギリスの科学誌「ネイチャー」の原稿依頼に応じ、二〇一一年四月に「日本の地震学、改革の時」と題した小論文を英語と日本語で同時に発表した。次頁の地図は、この小論文で使用したものに少し手を加えたものだ。この地図では、地震本部による「地震予測」（二〇一〇年版のハザードマップより）を、濃淡で表している。そして一九七八年以後二〇一八年九月までに実際に起きた死者一〇名以上の地震の情報を付け加えた。この図を見れば、二〇一六年に起こった熊本と二〇一八年の北海道地震を含めて、

リアリティチェック

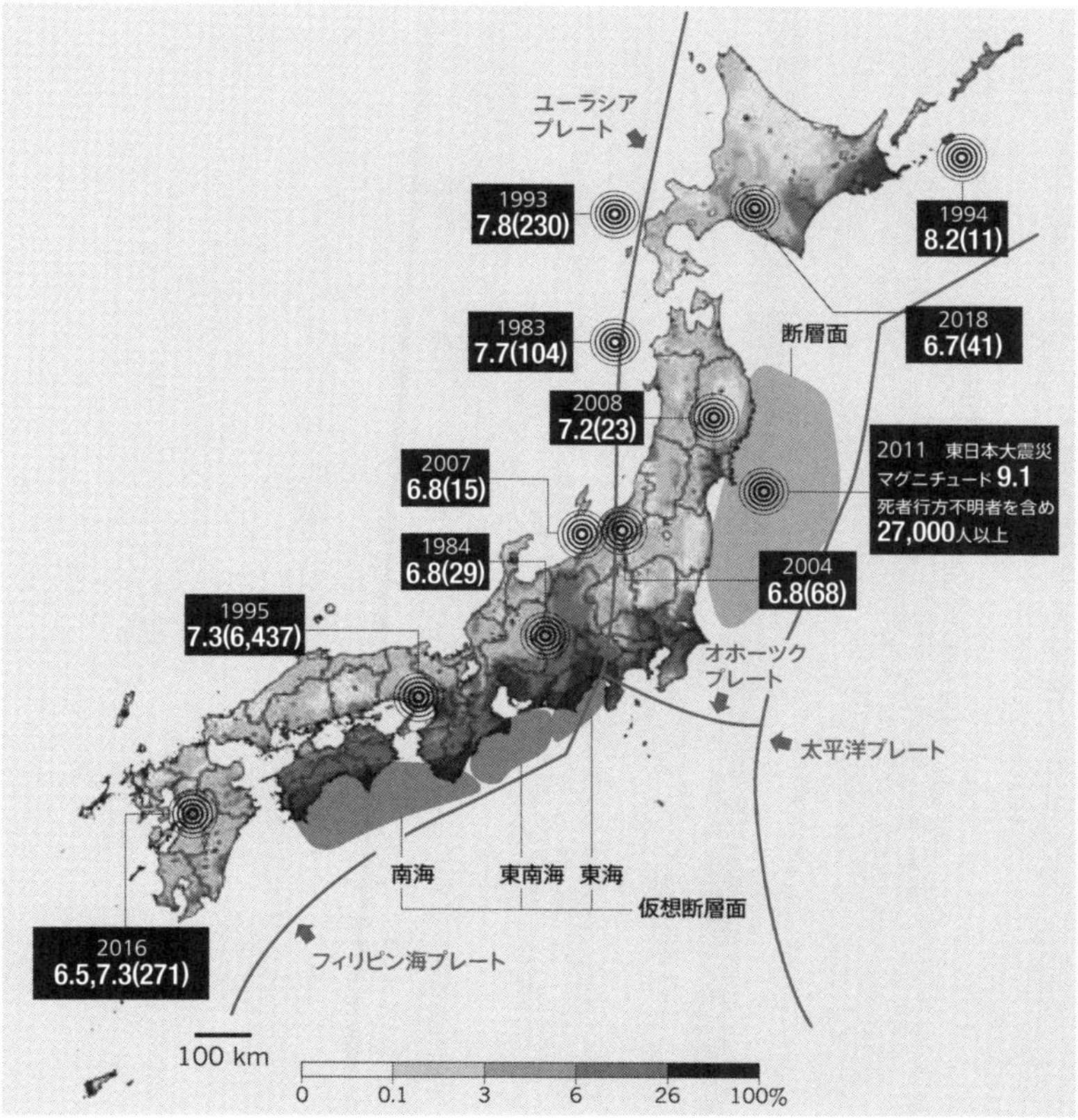

毎年日本政府は、確率論的地震動予測地図を公表する。ところが1979年（大規模地震対策特別措置法〔大震法〕施行）以降、10名以上の死亡者をもたらした地震は、リスクが低いとされた地域に起きている。図版は2011年「ネイチャー」に掲載された私の論文で使用したものに、2016年「熊本地震」と2018年「北海道胆振東部地震」のデータ（2018年10月15日現在）を付け加えたものである（ベースマップ：地震調査研究推進本部の全国地震動予測地図、2010年版）。なお、付け加えた２つの地震を除いて、地図中のマグニチュードおよび死亡者数（行方不明者数を含めて）は私の「ネイチャー」掲載の論文の表記に従っており、本書の表記と異なることもある。

地震本部による「予測」と実際起こった地震の分布が全く異なることが一目瞭然だ。

ときどき私は論客として大阪の読売テレビの旧「たかじんのそこまで言って委員会」（現「そこまで言って委員会NP」）に出演する。三・一一後の「委員会」の収録の場で、政府の確率論的地震動予測地図について「これはハザードマップではなく、外《はず》れマップだ」と言った。笑いを取ったが、冗談ではない。まさに地震本部の目玉商品は「ハズレマップ」と呼ぶべきものだ。

ちなみに、図面に一九七九年以降に起こった地震（一〇名以上の死者のもの）を記す理由は、一九七八年に「東海地震」が三日以内に起こることを予知できる（これを短期的予知という）、ということを前提として、大規模地震対策特別措置法（以下、「大震法」と呼ぶ）が、施行されたからだ。この大震法については後述する。

さて再びハザードマップの話に戻る。このマップを毎年更新し続ける地震本部には、毎年約一〇〇億円もの予算が政府から付く。小学生ひとりの給食費が一ヵ月平均で四〇〇〇円程度だから、子どもの給食をなんと二五〇万ヵ月分まかなえる金額だ。御用地震学者たち全員が、正確な短期的な地震予知も長期的な地震予測も科学的に不可能だということを腹の底ではわかっている。わかっていながら、彼らは毎年一〇〇億円の予算を獲得し続けようと躍起になっているのだ。

もし彼らが「実は短期的地震予知は不可能だし、こんなハザードマップには意味がない」と認めてしまえば、たちまち今の地位を失うだろう。また、地震調査研究をメシの種として生きている彼らにとって、本当のことを口に出して言うことは、自殺行為でもある。自分の所属機関がもらっている研究費を失うだけでなく、部下までが職を失うことになりかねない。

メンツの問題もある。「ハズレマップ」の誤りを認めて謝罪すれば、どうなるのか。今後の予算を失うだけではなく、過去の長年にわたる発言が誤りだったことを認めることにもなる。となると、多額の予算を獲得してきた彼らは、国民からの厳しい批判を免れない。文科省の地震本部所属官僚も批判の対象になる。

それだけではない。自分の恩師、ひいては恩師の恩師に対する批判にもつながる。また、現在の地震本部の官僚だけではなく、その前任者、前々任者に対しての暗黙の批判にもなる。こういったことを避けるためにも、誤りを認めることはしないだろう。となると結局、いつまでも間違った政策が続いていく。太平洋戦争時のインパール作戦と同様に。

幸いなことに、私は最初から「御用地震学者軍団」に取り込まれていなかった。私の専門は地球物理学（地震学）であり、より詳しく言うと地震波動論および地球内部構造の推定だ。この研究のための費用は地震本部の予算ではなく、日本学術振興会の競争的研究資金を獲得することで得ている。だから現役のときにも私は自由に研究を進め、地震予知や地震予測研究の問題点について自由に指摘することができたのだった。

御用地震学者たちのいい加減なお墨付きは、大規模な公共事業にからんでくる。言うまでもなく、政治家にも巨大な利権が発生する。科学的根拠が皆無に等しいハザードマップだが、公共事業を正当化したい政府や自治体にとっては大変便利な材料だ。例えば、大地震による津波を防ぐために、日本各地で防波堤整備など多くの公共事業が進められているが、地震本部のハザードマップによると、「南海トラフ巨大地震」は特に危ないとされていることから、地震・津波対策に伴う公共事業は、保守王国として知られる和歌山県や四国地方においてとりわけ重点的に行われる。むろん、南海・東南海についても事情は同様だ。

現在の学問では、地域別のハザード評価を正確に行うことは不可能である。だから地震・津波対策の公共事業を行うとすれば、全国一律の対策を取るべきだと私は考える。おそらく、三・一一までハザードマップでは危険度が低いとされていたがゆえ軽視されてきた東北地方に住んでいる人々も、この意見には賛同するだろう。

さらに、地震本部は各地の地震動の確率予測も発表している。例えば、二〇一八年六月二六日、二〇一八年版のハザードマップが発表された。その中で今後三〇年以内に震度六弱以上の地震動が起きる確率について、北海道根室市は七八%、釧路市は六九%、帯広市は二二%などと数字を弾き出している。いずれも前年より大幅な確率増だ。また千葉市は八五%、高知市は七五%、静岡市は七〇%、大阪市は五六%、名古屋市は四六%といったように、全国各地で強い揺れの可能性を数値化している。

そもそも、政府の確率論的地震動予測は間違った周期説を前提としているため、それだけで科学的にはアウトだ。しかしながら、科学的議論はさておき、ここではこの試算が持つ社会的意義、役割について考えてみよう。先のハザードマップの数字でいえば、例えば名古屋は四六%である。もし名古屋で今後の三〇年間で震度六弱以上の揺れが観測された場合、地震本部は「それみろ。当たったではないか」と胸を張れる。一方、今後の三〇年間で震度六弱以上の揺れが観測されない場合はどうか。地震本部は「揺れが観測される確率は四六%だということは、震度六弱以上の揺れが観測されない確率は五四%(一〇〇から四六を引いた値)であるということだ。揺れが観測されなくても特段の問題はない」、と開き直って責任逃れができる。つまり、地震本部にとって、確率論的地震動予測は、絶対に負けることのないゲームなのだ。

結論を述べよう。地震本部の確率論的地震動予測は、科学的根拠がないだけでなく、社会的にも全く意味がない。現在の学問で正確にいえることは、「日本は地震国であり、地震は、いつでもどこでも不意打ち発生があり得る」だけだ。

沖合で発生するプレート境界での地震の規模はマグニチュード九級もあり、内陸地震(俗に「直下地震」という)の規模はマグニチュード七級だ。マグニチュードが一・〇大きくなると解放されるエネルギーは約三〇倍増えるが、直下で起きる地震は地下震源地から直接上にある街を襲うので、大きな災害をもたらすことがある。阪神・淡路大震災、熊本地震、平成三〇年北海道胆振東部地震はまさにこの直下地震だった。地震本部は「活断層」のマッピングを行っているが、知られていない断層も無数あり、どの地域にも震災が起こり得る。そして繰り返しになるが、正確な予測は困難なのだ。

短期的予知はできない

日本政府は「地震予知」と「地震予測」のはっきりした区別をしていない。国民を煙に巻くために、あえてほとんど同義語のように使っているように見える。しかし、地震学研究者にとって「地震予知」(earthquake prediction)と「地震予測」(earthquake forecasting)は全く異なる意味を持つ。「地震予知」とは、例えば「三日以内にマグニチュード八の地震が東海地方で発生する」というように、短期的で、非常に具体的な内容の予測だ。日本でこの「予知」が出されたら、後述するが「大震法」によって総理大臣の名前で戒厳令なみの強い「警戒宣言」が発令され、交通網はストップされ、学校は臨時休校、企業も休業に追い込まれるなどの状況になり得る。一方で後者「地震予測」は、まさに地震本部が行っているような確率論的地震動予測だ。

なぜ「短期的な予知」は科学的に不可能なのか。

巨大地震が、どのようなメカニズムによっていつどこで起きるのかは大変複雑な過程で、基礎方程式（仮に存在するとしても）はまだ知られていない。よって、決定論的地震予知はできるはずがないのである。一九九七年に私たちはアメリカの科学雑誌「サイエンス」でこれについての論文を発表した。一〇〇年前に寺田寅彦が述べたことと基本的に同じだ。

もう少し具体的に説明しよう。

第一に、地震発生の基礎方程式が存在しないとはどういうことか。例えば天気予報には、流体力学の研究成果に基づく気温や気圧などを盛り込んだ基礎方程式がある。だから複雑な大気の動きや海洋の影響などを考慮して一定の予報を行うことが、科学的に可能なのだ。だが地震学には、現時点でそのような基礎方程式は存在しない。

第二に、自然科学研究の分野では、「前兆現象」をキャッチして予知を行うという、現象論的手法がありうる。だが、この現象論にも客観的な検証は不可欠である。地震学においては、一四〇年にわたって多くの研究者が「前兆現象」を探したが、すべては失敗に終わっている。この現実は冷静に受け止めねばならない。

これを読んで首を傾げる人がいるかもしれない。昔から「前兆現象」の報告自体は無数にあるからだ。井戸の水が急に減った。あるいは、増えた。ナマズが暴れた。あるいは動かなくなった。うちの赤ちゃんが便秘したとか、下痢をしたとか。うちのワンちゃんが吠えた、静かだったなどなど。

しかし、これらの無数の報告は、地震との物理学的因果関係も、統計学的な有意関係も確立されていない現象ばかりである。しかも、そのほとんどは地震が発生した後に報告されている。これは「地震予知」ではなく、「地震後知《ごち》」だ。いわば後出しジャンケンと同じである。これらは「前兆現象」ではなく、「前兆幻想」でしかない。

最近では、研究者だけではなく、地震予知をビジネスとする「インチキ予知業者」とでもいうような商売をする人たちがいる。それは有料で予知情報を販売する会社だ。現在私が知る限りでも四~五社程度あるが、共通の手口はこうだ。極めて曖昧な情報――予知というより予言とでも言うべき類のもの――をほぼ週一回のペースで提供する。個人会員は月々の料金を、例えば二一六円程度を払う。こんな古典的な手口にひっかかってカモにされるのにはビックリするが、金額も安いし、必要と思う人もいるのだろう。

正確な予知とは、時間・規模・震源地を狭い範囲内で信憑性をもって指定することだが、民間の地震予知業者の予言では、この三つのパラメータの許容範囲は極めて広い。しかも多くの場合、彼らはきちんとした「当たり・ハズレ」の境界線を明記しない。というより も、明記すると商売が成り立たなくなるのだろう。結局、彼らが繰り返してやっているのは、①曖昧な予言を発表、②（地震が起こるのを）待つ、③小さくても（マグニチュード五・〇未満とか）、予言した震源地から遠くても、発生時期がずれていても、地震が起きると「俺はあれを予言した」と主張する——。ある意味で「狼少年的な予知業者」である。繰り返しになるが、この程度の曖昧な予言サービスに金を払うカスタマーがいるだなんて、本当にビックリする。

「大震法」が招いた混乱と弊害

一九七〇年代、日本の地震学の研究者たちは一種の「群集心理」に駆られていた。周期説を信じた研究者たちは「『東海地震』が差し迫っている」と思い込み、社会に向けて熱心にその危険性を煽った。彼らはあちこちで「東海地震は明日起きても不思議ではない」と大声で言って回り、テレビと新聞はこの騒動を大々的に報道した。そして、政府、マスメディア、一般の人々は「差し迫っている東海地震」を揺るぎない真実として鵜呑みにした。

ここで、四〇年前に何が起きたかを簡単に振り返ってみよう。一九七八年、日本では「東海地震」を想定した大規模地震対策特別措置法（大震法）が施行された。大震法は『東海地震』の前兆現象を観測する」という前提のもとに作られた法律だ。内閣総理大臣は気象庁の報告を受け、閣議を経て、警戒宣言を発令する。この法律にとって、信頼できる前兆現象が存在することは不可欠だった。

だが四〇年前も、そして今日に至ってもなお、科学的に信頼できる前兆現象の存在は全く認められていない。すなわち、大震法の前提はサイエンス（科学）ではなく、サイエンス・フィクション（空想科学）だったのだ。大震法採択過程についての詳細は前著『日本人は知らない「地震予知」の正体』に詳述した。ぜひ、ご一読いただきたい。

大震法に科学的根拠はほとんどなかったが、長年にわたって（少なくとも一九七八〜一九九五年の間）この神話はまかり通っていた。前著で指摘したように、これは一種のマインドコントロールだった。マスメディアで「東海地震」という言葉が繰り返し使われるため、人々はこういう「シナリオ地震」がすぐ起きると疑わなくなったのだ。

二〇一八年は大震法施行から四〇年の節目の年だったが、ＮＨＫをはじめとしたマスメディアは私の知る限り、特別番組を組むこともなく、目立った報道もしていない。不気味なサイレンスだ。

また、大震法成立に加担した主要御用地震学者たちは、これまでの四〇年間の自分たちが犯した誤り、自分たちの恩師とさらにその恩師が犯した誤りの総括をしていない。今こそマスメディアは責任を果たすべきではないか。御用地震学者たちが長年叫び続けた「東海地震説」が、明らかに誤りだったとはっきり報道すべきだ。そして、彼ら御用地震学者たちが支配する地震本部の発表を、なんの疑問も呈することなくそのまま報道することを直ちにやめるべきだ。地震本部の発表は「一つの意見にすぎない」と。

ちなみに、二〇〇〇年頃、御用地震学者は「東海地震」というシナリオ地震から、「南海トラフ巨大地震」というシナリオ地震に乗り換えた。後者は「東海地震」、「東南海地震」と「南海地震」という三つのシナリオ地震が同時に起きるという「合体シナリオ地震」だ。乗り換えるなら、まずすべきことは、一九七五年から二〇〇〇年にわたって主張し続けてきた「東海地震」単独説は間違っていたので取り下げ、そのうえで「南海トラフ巨大地震」に差し替えることにすると、きちんとお詫びと説明をすべきだろう。だが、このいずれも行っていない。

「地震予知」から「地震調査研究」への改称

一九九五年に阪神・淡路大震災（死者・行方不明者六四三七名）が発生した。この震災を機に国の地震対策に多少の変化が見られた。

旧科学技術庁内に「地震予知推進本部」（傍点は筆者による）があったが、一九九五年度からの改組に伴って、前出の「地震調査研究推進本部」（地震本部と呼んでいる）に改名した。国立研究所の関連部局の名称からも「予知」の言葉が消え、「調査研究」へと一気に変わった。つまりこの段階で、政府は「（短期的）予知」は無理だと判断したといえよう。

だが政府の改名も、せいぜいここまでだった。というのは、先述した、東海地震の短期的予知ができるということを前提として作られた大震法がそのまま残り、気象庁の関連組織も残したのだ。その結果、政府の報道官はいつも苦しい弁明をせざるを得なくなった。「『東海地震』を除いて、〔短期的〕地震予知はできない」という釈明だ。むろん、これはナンセンスだ。物理学は普遍的な学問である。「東海地方の地震と他の地方の地震には、違うメカニズムがある。前者は予知可能だが、後者は予知不可能だ」などということは、成り立たない。

二〇一七年、ついに白旗を上げた政府

二〇一七年八月、内閣府・中央防災会議の調査部会がやっと「南海トラフ沿いの大規模地震の予測可能性について」という調査報告書を発表した。この報告書の中に、重要な一文がある（傍線部は筆者による）。

〈現時点においては、地震の発生時期や場所・規模を確度高く予測する科学的に確立した手法はなく、大規模地震対策特別措置法に基づく警戒宣言後に実施される現行の地震防災応急対策が前提としている確度の高い地震の予測はできないのが実情である。このことは、東海地域に限定した場合においても同じである。〉

ここで指摘しておかねばならないのは、政府が意図的に国民を煙に巻こうとしていることだ。つまり「確度の高い地震の予測」とは、一九七八年の「短期的地震予知」と同じであるにもかかわらず、あたかも異なっているものであるかのような表現をしていることだ。念のために、政府が断念した「確度の高い地震の予測」の内容を確認しよう。大震法を

作った一九七八年当時の日本政府と御用地震学者は、二〜三日以内に東海地震が起こるということは予知できる、と考えていた。予知ができた場合、内閣総理大臣の名前で戒厳令なみの強い「警戒宣言」を発令する。そのときには、危険地域の学校は臨時休校となり、企業や工場は稼働できなくなる。住民は安全な場所へ避難しなければならない。さらに信じがたいことに、東海道新幹線をストップすることまで想定されていた。JRの公式データによると、東京―新大阪間を走る東海道新幹線は一日に三六五本、乗車人数は一日平均四五万九五〇〇人にのぼる。

これだけの人数が足止めを食らい、さらに企業や工場の稼働がストップすれば、東海地域の経済は壊滅的なダメージを受ける。しかも「警戒宣言」を発令したとしても、地震予知が空振りに終わる可能性も大きいのだ。

幸いにして、一九七八年から四〇年間、差し迫っているとされた「東海地震」は発生しなかったし、内閣総理大臣による「警戒宣言」は一度も出されなかった。

そして二〇一七年、内閣府の中央防災会議の調査部会が「確度高く予測」することは不可能だと公に認めたことで、この東海地震予知態勢に、ようやく実質的にピリオドが打たれた。

だが、現実はそう簡単にはいかない。前述の報告書は、研究者によって構成される調査部会の報告にすぎないのだ。大震法はいまだに廃止されておらず、ゾンビのように生き続けている。六人の御用学者からなる「地震防災対策強化地域判定会」も残っている。そして政府は、この判定会に新しい役割を与えた。地震予知ではなく、注意報（臨時情報）を発表することになったのだ。だがこの注意報とは何なのか。注意報が出たらどうすべきか。誰も知らない。気象庁も説明しない。おそらく、政府は注意報を発表しないつもりだろう。判定会に何らかの建前上の役割を与えないと予算措置を延命できないため、適当にでっちあげたとしか思えない。

朝日新聞にみる地震予知報道の実態

これまで、マスメディアの報道でも、「地震予知は不可能」ということが全く報じられないわけではなかった。

例として、朝日新聞での報道を取り上げてみよう。一九七九年、朝日新聞は「地震予知を過信するな」と題する大きな記事を、一面丸ごと使って報じた。インタビューに応じたのは、東京大学理学部の竹内均《ひとし》教授（当時。一九二〇〜二〇〇四。地震学）だ。当時の朝日新聞縮刷版を繰りながら、記事の一部を紹介しよう。

〈過去の観測記録を調べてみると、前震を伴う地震というのは全体の五％ぐらいしかありません。残り九五％の地震は前ぶれなしに、いきなりドーンと襲ってくる〉〈地震の前兆と思われる異常現象が起こっても、そのあとで実際に地震が起こらなかった例があります。あるというよりもむしろ、こういう場合のほうが実は多い〉〈現在の不確かな知識をもとにして次から次へと大観測所や海底地震計、観測井戸に巨額の金を使っている（略）。将来、地震予知が可能になった時点では、これが全部スクラップになってしまう恐れがある。それよりも今は、若い研究者の生き生きした頭脳に資金を投じて、地震の基礎研究を育てていかねばならない時期なのです〉（一九七九年八月二七日付、朝日新聞夕刊）

私が東京大学に着任したのは、竹内氏の退官（一九八一年）から三年ちょっと後だ。私は旧竹内研究室の助教授（現在の准教授相当）ポストに就任した。彼は引退後、科学雑誌「ニュートン」の初代編集長になり、八三歳で亡くなるまで文化人として幅広く活動を続けた。私が初めて公に日本の予知研究を批判したのは、一九九一年七月に英国科学雑誌「ネイチャー」に掲載された論文においてであった。それより一二年前に大先輩である竹内氏が切り開いた「地震予知は不可能」という道を、今も歩き続けていることを、私はひそかに誇らしく思っている。もちろん、竹内氏があれほど科学的正論をぶつけても、政府の政策にはほとんど影響を与えることができなかったのは、何とも悲しいことではあるが。

一方で竹内氏のインタビュー掲載からわずか三日後に、同じ朝日新聞に「ナマズの動き、電算機で追う　本気です　地震予知研究　都水産試験場」というマンガのような記事がデカデカと載った。ご丁寧にも、ナマズの写真入りだ（一九七九年八月三〇日付、朝日新聞夕刊）。

さらにその翌日には、政府の地震予知推進本部（現在の地震本部の前の名称）が総額七八億円の予算を概算要求した記事が掲載された。

〈〝目玉〟は東海大地震の発生機構解明のための総合研究費五億三千万円〉〈個々のデータも東海大地震の予知や理解に役立つという〉（一九七九年八月三一日付、朝日新聞朝刊）。

巨額の予算をかけたところで、本当に地震予知などが可能なのか。竹内氏が投げかけた根本的な疑問は完全にスルーされている。

最近のことだが、二〇一七年五月「ネイチャー」に、日本の不十分な予知対策の変更を批判する私の小論文が掲載されたとき、朝日新聞は即時に紙面で取り上げてくれた。また、二〇一八年三月二日の朝日新聞（朝刊）に、私の署名記事「地震の発生確率　予測は無意味、現実を見よ」が掲載された。その中で私は地震本部のいい加減な長期的予測を批判した。しかし、残念ながら、朝日新聞はこういった記事を掲載する一方で、その前にも間にも後にも相変わらずなんの疑問も呈することなく地震本部の発表を流し続けている。これでは「日本のマスメディアは思考停止状態」「政府や御用地震学者からの不確かな情報を垂れ流しているだけ」と非難されてもしかたがないのではなかろうか。

二〇一八年六月二六日、朝日新聞は「大地震のリスク、北海道南東部が上昇　18年版予測地図」と題した典型的な垂れ流し記事をネットで公開した。同日、朝日新聞大阪本社科学医療部長・黒沢大陸氏はこの記事について「かつて自分も無批判に記事を出したことを反省しています」とツイート上で書き込んだ。このような反応はうれしいが、他の多くの記者たちはいまだなんの疑問も抱いていない。記事の垂れ流しはまだ続きそうだ。

では他の大手新聞社や通信社はどうなのか。近年地震予知・予測批判に最も積極的なのは、共同通信と中日・東京新聞だ。日本経済新聞も以前、地震予知に懐疑的な記事や社説を掲載したことがある。

一方、近年の読売新聞は地震本部の機関紙かと見まがうほどだ。二五年ほど前、読売新聞社には取材熱心な科学部記者がいて、地震予知問題について読み応えのある連載を書いていたことを思い出す。最近の読売の姿勢は本当に残念だ。

地方紙では、静岡新聞と神奈川新聞は地震本部の政策の問題点をきちんと報道している。政治報道は各社の思想的立ち位置によって異なる。だが、地震予知・予測の報道は、各社のそのときの担当記者の能力次第ということか。

御用地震学者ばかり登場させるＮＨＫ

新聞社には科学部と呼ばれる部署があり、サイエンスに関する専門知識を有する記者が一部存在する。一方、民放テレビ局の場合、地震学を専門とする記者はほとんどゼロに等しい。従って情報の真偽を自分たちの力では判別できず、渡されたプレスリリースにいい加減なコメントを加えて、そのまま放送してしまう。

建前上「皆さまの公共放送」とされているＮＨＫには、あらゆるテーマに対応できるように大勢の専門記者・ディレクターおよび解説委員が存在するはずである。だから突然原子力発電所の爆発事故が起きたときも、専門知識を持つ解説委員が難解なテーマに即座に対応できた。だが、こと地震予知・予測に関しては、政府の事業を批判する報道はこれまでの二〇年でほぼ皆無である。残念ながらＮＨＫは、地震予知・予測に関しては政府の宣伝機関にすぎないのだ。

政府の地震予知態勢を一貫して批判してきた私も、かつてＮＨＫに出演したことがある。だが一九九四年を境として、ＮＨＫからテレビ出演・取材依頼の声は一切かからなくなった。一九九五年の阪神・淡路大震災、二〇一一年の東日本大震災をはじめとして、大規模な震災がこれまで何度も起きてきたにもかかわらずだ。念のために言っておくが、ここで重要なのは私の出演の有無ではない。私に声をかけなくても、ＮＨＫ自らが地震本部の予測の問題点を取り上げてくれればそれだけでよいのだから。

余談だが、福島原発事故直後に「メルトダウン」の真実を口にしたＮＨＫ解説委員が、その後降板させられた例もあった。このようなことがしばしば起こるようであれば、「ＮＨＫは公平・公正な報道をいつも行っている機関だ」などと考える人は一人もいなくなってしまうだろう。

民放については、私はほとんどの局に出演した。とりわけ読売テレビの「たかじんのそこまで言って委員会」（現「そこまで言って委員会ＮＰ」）では、出演するたびに地震予知のインチキぶりを徹底的に批判してきた。「地震予知はできません」（二〇〇四年に初出演した〝名場面〟。たかじんさんがずっこけた）は番組オンエアの領域（西日本、仙台、札幌など）では共通認識になったが、放送されていない関東地方はまだ「無知の谷」だ。ちなみに、「無知の谷」の最も深い点は渋谷（ＮＨＫ本部）だ。

地震大国日本が進むべき道

日本政府と御用地震学者たちは「もうすぐ東海地震が来る」「もうすぐ南海トラフ巨大地震が来る」「もうすぐ首都直下地震が来る」と脅しながら、特定の地域へ集中的に巨額の地震対策関連予算をつぎ込んできた。だがこのようなピンポイントで行う重点対策は意味がない。なぜならば地震大国である日本に住む以上は、私たちはいつどこで地震に遭遇するかわからないからだ。だから防災・減災対策は、バランス良く全国的に割り振らなければならない。東日本大震災が起きてから、自民党は「国土強靱化」という政策をマニフェストに掲げるようになった。地震大国に生きる人々にとって、「国土強靱化」の大風呂敷を広げることは、あながち間違いではない。

アメリカでも、約五〇年前から（私が大学の学部生のときにも）一部の地震学者たち（アメリカ版の御用地震学者と言ってよい）が「サンフランシスコ近辺のヘイワード断層の大地震が近い」「ロサンゼルス近辺のサンアンドレアス断層の巨大地震が近い」と恐怖感を煽る宣伝を繰り広げた時期があった。今なお、アメリカでそのように煽り続ける地震学者もいる。

だが、この五〇年の間にカリフォルニア州で発生した地震は、予想とは違う断層ばかりだった（一九七一年のサンフェルナンド地震、一九八九年のロマプリエタ地震、一九九四年のノースリッジ地震）。アメリカの御用地震学者は、日本の御用地震学者に負けない「ハズレの名人たち」なのだ。

日本が地震大国であることは、紛れもない事実だ。何の前触れもなく、まるで不意打ちのように突然地震に襲われる現実を、私たちは常に心のどこかで覚悟しておく必要がある。だからと言って、「予測ができないのなら、自由気ままに今を楽しく生きればいい」と刹那的快楽主義に走るのはもちろん良くない。適切にコストを投じて防災・減災の対策をし、大地震が発生したときのリスクを最小限に軽減するよう努力することが何よりも必要だ。

しかし、震度七の地震に耐えうる建築基準をすべての建築物に適用するのは非現実的だし、インフラへの投資だって無限に予算を使っていいわけではない。具体的にどこで地震や津波が発生するかは知り得ないのに、限られた予算のベストミックスを決めるのは至難の業である。だが防災・減災の対策は、あくまでもリスクとコストを天秤にかけ、バランスが取れた解答を模索するべきだ。

大地震が起きなければ、その地域に注ぎ込んだ耐震性強化のためなどの費用はある意味で「無駄遣い」になってしまう。だが根拠のない情報に基づき特定の地域だけにコストをかけるのは、さらなる無駄遣いである。防災・減災の対策は、ゼロリスク信仰にとらわれず、バランスの取れた道を探すことが一番である。投資に例えれば、ポートフォリオ・マネジメントだ。

基礎研究と応用研究の望ましい関係

科学研究者（私もその一員）は、サイエンスの限界を率直に認め、事実を人々に伝えるべきである。

そもそも、日本の地震学研究の問題点は、政府の科学技術研究に対する誤った評価基準にある。六〇年前も現在も、政府は「役立つ研究」を優遇して、純粋な好奇心に基づいた基礎研究を冷遇する傾向にある。そうではなく、分野ごとの現状を反映した応用研究と基礎研究のベストミックスの提案をすべきだ。

しかし、役人と政治家のほとんどは文系出身であり、科学研究への理解が乏しい。彼らは耳触りのいいスローガンしかわからないので、本来育成すべきところがないがしろにされてしまい、その結果国の科学技術研究における基礎体力が失われている。本来科学分野の各リーダーたちが政府の誤解を正すべく声をあげるべきだが、誰もが自分たちの利害を優先し、自分の研究が「役立つ応用研究」であると偽る。

つまり、各研究分野のリーダーたちが嘘つきになる傾向があるのだ。例えば、生命科学の分野で細胞のメカニズムを理解しようとする研究であったら「もしかしてガンの治療に役立つかもしれない」と言うわけだ。逆に「この研究は学問の進展に飛躍的に貢献するが、すぐ役立つものを生み出さない」などと本当のことを言ってしまうと、政府から冷遇されかねない。こうして結果的に政府の予算配分システムは、日本の研究者のモラルを歪めてしまうのだ。正直者は馬鹿を見る世界だ。

これは地震学の分野でも同様だ。一九六〇年代当時のリーダーたちは、観測網を設置することを目指した。厳しい懐事情を乗り越えるために、「もしかするとこの研究によって地震予知ができるかもしれない」という程度のメリハリを付けて、彼らはめでたく予算を取った。良く言えば方便、悪く言えば嘘だ。彼らの嘘（方便）はだんだんエスカレートしていった。

一九六五年に始まったプロジェクトの名称は「地震予知研究計画」（傍点は筆者）だった。一九六九年の最初の更新のときは、「研究」という二文字が消えて、「第二次地震予知計画」になった。また、一九七八年に東京大学理学部教授（当時。一九一九〜二〇〇三）の浅田敏《とし》氏らは「東海地震」の短期的予知ができるとして、大震法の国会採決を後押ししている。プロジェクト開始時に予知研究計画を通すため誇張表現を使ったのはグレーゾーンギリギリだとしても、その後の御用地震学者たちの言動は明らかに行き過ぎだった。彼らの倫理観はマヒしたのだった。

今こそ「大リセット」を

国の防災政策も、地震学研究も正常な状態に戻すべきだ。今こそ「大リセット」が必要である。

リセットのはじまりは、国がこれまでの六〇年間にわたる地震対策の誤りをはっきりと公に認めることである。一九九五年のような「ボロ隠しの中途半端見直し」を繰り返してはならない。

防災のあり方は、「南海トラフ巨大地震」と「首都圏直下地震」への予算などの重点的な資源配分から、「いつでもどこでも不意打ち地震」に備えることに切り替えるべきだ。一言でいうなら、「想定外を想定」することだ。ここではこれ以上詳細について述べないが、地震大国である日本において防災は、国防と同程度に死活問題である。速やかに抜本的見直しに着手するべきだ。

一方、地震学観測と研究については、白紙に戻すべきである。具体的に言うと、以下のことを行う必要がある。

（1）「防災」と「地震学観測および研究」を切り離すべきだ。既述の通り、今の地震学は防災に直接役立つものではないからだ。

（2）観測網の設置・運営の合理化を図るべきだ。現在気象庁の観測網と地震本部の観測網が並立している。これは一本化・合理化すべきだ。観測網とは、業務（緊急地震速報、津波警報、起きた地震の震源決定）だけでなく研究にも同じように利用されるものだ。だから分けておく必要は全くない。

（3）観測網運営と研究体制を切り離すべきだ。そもそも税金で賄われる観測網運営は、業務にも研究にも不可欠であり、得られたデータは広く公開されるべきである。

（4）人事を刷新すること。現在、地震本部系列の研究者がデータをほとんど独占し、同時に、ほぼ自動的に研究費配分を受けている。その組織の現在のトップは、地震調査委員会の委員長である平田直《なおし》氏（東京大学地震研究所教授）で、彼は大震法の生みの親だった故浅田敏氏の弟子だ。地震学分野における一部の研究者の独占を廃止して、健全な競争的研究費配分を導入すべきだ。

さらに言うと、これらのことを実現するために必要不可欠なことが一つある。それは、具体的には、現在の地震本部を廃止することである。

このような改善がなされれば、日本の地震学研究は飛躍的に活性化すると断言できる。最後に、御用地震学者たちの手口を少し紹介する。彼らは、その時々のトレンドをうまく取り入れ、「予測の高度化」（実際これは「予知」を示唆しているのだが、予知という言葉はもう使えなくなったため）に大いに役立つ可能性があると強調し、予算を獲得しようとする。今のトレンドは、スロー地震である。

二〇年前、アメリカ、日本をはじめ世界の研究者は断層面でのゆっくりした滑り（「スロー地震」と呼ぶ）という新しい現象を発見した。自然科学の基礎研究としてこのスロー地震現象をさらに解明することは重要である。ところが、これまでの二〇年にわたるスロー地震の研究からは、スロー地震観測によって「前兆現象」を見つけることはできていないし、当然、地震を予知することもなかった。

にもかかわらず、二〇一六年七月一五日、東京大学地震研究所の小原一成教授（東大地震研究所所長で推進本部政策委員会の委員）らはアメリカの学術雑誌「サイエンス」にスロー地震に関する総説論文（研究分野の現状を要約するもの）を発表して、記者発表で次のように述べた。「モニタリングに基づくスロー地震の解明は、巨大地震発生予測の高度化の観点においても意義があり重要である」。

スロー地震についての観測データをどのように使って「予測」を行うかという理論や計算アルゴリズムは、この記者発表当時もそして現在も全く示されていない。科学者として恥ずかしいような意見であっても発言するのは個人の自由だが、情けないと思うのは私だけだろうか。

話は変わるが、バブルの崩壊は一九九一年だった。その後の一〇年の「スタグフレーション」は「失われた一〇年」と呼ばれたが、もう既に「失われた三〇年」になろうとしている。なぜまだ日本の景気が回復していないのか。真山仁《まやまじん》氏（『ハゲタカ』の原作者）は、二〇一八年八月一六日オンエアのテレビ朝日「モーニングショー」で面白い分析をした。問題の根本は、潰すべき企業を無理やりに延命したことにあるという。地震研究体制の経緯を見ると、まさに、真山氏が指摘したような構造があるように思う。

思えば、これまでの二五年で三回の総選挙を経ていくつもの政権交代があった。自民党政権→細川政権→（自社政権を経て）→自民党（＆その他）政権→民主党政権→自公政権、という政権交代があったが、どの政権も地震予知問題に一度もメスを入れてこなかった。やむを得ず改革のふりをせざるを得なくなったときにも、毎回中途半端な改革しか行われていない。一九九五年に旧科学技術庁内の「地震予知推進本部」を「地震調査研究推進本部」に名称変更したが、メンバーの大幅刷新はなかった。二〇一一年の東日本震災後の見直しもほとんどなかった。また二〇一七年に東海地震の予知に白旗を上げたが、大震法を撤廃しなかった。残念ながら日本政府は、この程度の問題すら自力で解決できない。今こそ問題解決能力が問われるときである。

ロバート・ゲラーの辛口英語コラム

「ローマ教皇はカトリック信者ですか？」

私が新聞やテレビ番組で「地震予知はできない」と主張すると、その発言を目にした読者や視聴者は驚く。こんな当たり前の事実が「ニュース」になること自体、考えてみればおかしい。「地震予知はできない」は「太陽は毎朝東の空に昇る」と同じくらい、当たり前のことなのだから。

さて、英語では「当たり前」は「of course」だが、少し皮肉をこめて、「Is the Pope Catholic?」（ローマ教皇はカトリック信者ですか？）と言うことがある。ローマ教皇は、言うまでもなくカトリック教会で最も偉い人物だ。あるいは「Is water wet?」（水は湿っていますか？）という逆質問で返すのも頓智がきいている。

ローマ教皇がカトリック信者であることは周知の事実で、水が湿っているのと同じくらい、地震予知ができないのは当たり前なのだ。

「地震予知はできる」と信じている人は、太陽が西から東へ昇ると信じているに等しい。水道から流れてくる水が乾ききっていると感じるくらい、おかしな人だ。それくらいバカバカしく恥ずかしい珍説を、読者の皆さんは今日限り信じるのをやめよう。

第2章

止まらない研究不正

京都大学iPS細胞研究所で起きた研究不正

二〇一八年一月二二日、衝撃的な記者会見がトップニュースを飾った。

テレビ画面に登場したのは、iPS細胞の研究で二〇一二年にノーベル生理学・医学賞を受賞した京都大学iPS細胞研究所（略称CiRA、「サイラ」と読む）の山中伸弥《しんや》所長だ。

山中氏といえば、日本の科学者の中では最も顔と名前が知られたヒーローと言っていい。NHKスペシャルなど科学を扱う番組にもタモリやタレントと一緒に出演し、人気を博している。五〇代半ばにして、フルマラソンを三時間半以下のタイムで走る健脚の持ち主でもある。

ノーベル生理学・医学賞受賞以後、iPS細胞の研究による再生医療への期待がますます高まった。多額の予算も集まり、日本を研究拠点として、ここから一気に世界的に研究が進むはずだったのだ。

ところがその流れが、一人の愚かな科学者による研究不正によって大きくつまずいた。

二〇一七年二月二三日、京都大学iPS細胞研究所の山水康平・特定拠点助教（当時）

ら（筆頭著者を含めて計一一名）が書いた論文が、科学雑誌「ステム・セル・リポーツ」のウェブサイトに掲載された。だがこの論文の内容に問題があるとの疑いが生じ、ｉＰＳ細胞研究所内に研究公正調査委員会が設置された。調査の結果なんと合計一七ヵ所にわたって捏造と改ざんを行っていることが認定され、二〇一八年二月一三日に「ステム・セル・リポーツ」のウェブサイトに撤回通知が掲載された。

一流学術雑誌（九〇〇〇誌強）が加盟しているＣＯＰＥ委員会（The Committee on Publication Ethics＝出版倫理委員会）は、二〇〇九年撤回に関するガイドラインを発表している。それによると、撤回された論文はデータベースから削除しないのでアクセスは可能だが、撤回されたことを明示することになっている（「retracted」＝「撤回」。次頁の図版を参照）。

以下は京都大学が発表した文書の一部だ。

〈調査の結果、論文を構成する主要な図６個すべて、また補足図６個中５個において捏造と改ざんが認められる。これらの捏造または改ざん箇所の多くは、論文の根幹をなす部分において論文の主張にとって重要なポイントで有利な方向に操作されており、論文の結論に大きな影響を与えていると認められる。かつ、論文の図作成過程において、正しい計算方法に基づき正しい数値を入力するという基本事項が徹底されていなかった。〉

つまり、山水氏らの論文は著しい「欠陥商品」だった。だが不正は山水氏の単独犯罪で、

Stem Cell Reports

ISSCR

Article

OPEN ACCESS

In Vitro Modeling of Blood-Brain Barrier with Human iPSC-Derived Endothelial Cells, Pericytes, Neurons, and Astrocytes via Notch Signaling

Kohei Yamamizu,[1,*] Mio Iwasaki,[2] Hitomi Takakubo,[1] Takumi Sakamoto,[3] Takeshi I…, …mi Miyoshi,[3] Takayuki Kondo,[4] Yoichi Nakao,[3] Masato Nakagawa,[2] Haruhisa Inoue,[4] and Jun K…amashita

[1]Laboratory of Stem Cell Differentiation, Department of Cell Growth and Differentiation, Center for iPS Cell Resear… Applicatio… …RA), Kyoto University, 53 Shogoin Kawahara-cho, Sakyo-ku, Kyoto 606-8507, Japan

[2]Department of Life Science Frontier, CiRA, Kyoto University, Kyoto 606-8507, Japan

[3]Department of Chemistry and Biochemistry, Waseda University Tokyo 169-8555, Japan

[4]Laboratory of Stem Cell Medicine, Department of Cell Growth and Differentiation, CiRA, Kyoto Uni…, Kyo…-8507, Ja…

*Correspondence: kohei@cira.kyoto-u.ac.jp

http://dx.doi.org/10.1016/j.stemcr.2017.01.023

SUMMARY

The blood-brain barrier (BBB) is composed of four cell populations, brain endothelial cel… …Cs), pericytes, neurons, and astrocytes. Its role is to precisely regulate the microenvironment of the brain throug… …e substance … …ng. Here we generated an in vitro model of the BBB by differentiating human induced pluripotent stem cells (…SCs) into all four populations. When the four hiPSC-derived populations were co-cultured, endothelial cells (ECs) were endowed w… features c…istent with BECs, including a high expression of nutrient transporters (*CAT3*, *MFSD2A*) and efflux transporters (*ABCA*… …*CRP*, *PGP*, *M*…*S*), and strong barrier function based on tight junctions. Neuron-derived Dll1, which activates Notch signaling in ECs, w… …enti… …r the BEC specification. We performed in vitro BBB permeability tests and assessed ten clinical drugs by na… …S/MS, findi… …good correlation with the BBB permeability reported in previous cases. This technology should be useful for res… …h … …n BBB physiology, pathology, and drug development.

INTRODUCTION

The blood-brain barrier (BBB) is … …posed … …ecialized brain endothelial cells (BECs) …at a… …unded … pericytes, astrocytes, and neur… These n… …vascular units form intracellular tight … …ons betwee… …ECs, which limit the passive diff…ion … …olecules into the CNS. BECs are enriche… …with nutrie… …ransporters, such as glucose transp…s, amino acid … …sporters, and fatty acid transpo… for … …cient uptake into the brain from the blood. On … …r hand, the enrichment of polarized efflux … …porte… …uch … …-glycoprotein (PGP), breast can… …res… …nce p… (BCRP), and multidrug resist… …-asso… …ed proteins (MRPs) in BECs protects the brain fr… … …d pathogens. Because of drug efflux by th… …BB, the delivery of therapeutic drugs into the brain to … …t CNS diseases has been a major challenge. The BBB is … …so associated with brain disease, as its impairment correlates with neurodegenerative diseases including Alzheimer's disease and Parkinson's disease (Desai et al., 2007; Saito and Ihara, 2014). These reasons have spurred researchers to establish a BBB model for analyzing the dysfunction of neurovascular units and drug permeability in vitro.

Current in vitro BBB models use brain microvessels and astrocytes isolated from non-human species such as pig, rat, or mouse (Deli et al., 2005). However, the characteristics and functions of the BBB from these species differ from that in humans (Aday et al., 2016; Hoshi et al., 2013; Syvänen et al., 2009; Warren et al., 2009). Therefore, a human-derived BBB model is needed for pre-clinical drug screening or research about human BBB physiology and pathology. Although human primary brain microvessels isolated from the brain specimens of tumors or epilepsy patients can be used, they have low availability and reproductivity (Cecchelli et al., 2007). Immortalized human brain microvessels have also been considered, but the resulting BBB models do not form strong barrier properties due to discontinuous tight junctions (Weksler et al., 2005). Endothelial cells (ECs) derived from human induced pluripotent stem cells (hiPSCs) have been used to prepare human in vitro BBB models, but these cells must be co-cultured with primary rat astrocytes or C6 rat glioma cells for maturation of the BBB (Lippmann et al., 2012; Minami et al., 2015). In the present work, we sought to induce all four BBB components, ECs, pericytes, neurons, and astrocytes, from hiPSCs, which are an unlimited human source and recapitulate development, in order to create a reproducible and robust human BBB model.

In our protocol, we developed a hiPSC differentiation system to produce ECs that depends on cyclic AMP (cAMP). cAMP is crucial for enhancing the EC differentiation and arterial specification of mouse embryonic stem cells (Yamamizu et al., 2009, 2010, 2012a, 2012b). To generate BECs, we co-cultured the ECs with pericytes, neurons, and astrocytes, which were also derived from hiPSCs. Culturally induced BECs (ciBECs) showed properties consistent of the BBB, including an enrichment of BBB-specific transporters, good barrier function, and the efflux of drugs. This method allowed us to investigate the

634 *Stem Cell Reports* | Vol. 8 | 634–647 | March 14, 2017 | © 2017 The Author(s).

CrossMark

山水氏らの論文の１ページ目。斜めの大きな赤字で「RETRACTED（撤回された）」とはっきり記されている。（出典：Yamamizu, K., et al., 2017. Stem Cell Reports 8(3):634-647. doi: 10.1016/j.stemcr.2017.01.023）

彼以外の一〇名の共著者には責任がなかったとされた。以下に京大報告書を引用する。

〈共著者はいずれも当該研究の遂行に寄与しているが、測定結果の解析や図の作成は全て山水助教が担当し共著者は関与しておらず、いずれの共著者にも山水助教による数値への操作を予見することは困難であったことから、不正への関与はなかったと判断した。〉

京都大学が調査を精密に行い、先述した結果に至ったこと自体は、私も評価したい。しかし一〇名の共著者が「測定結果の解析や図の作成」に関係していなかったというのであれば、彼らは果たして共著者になるだけの十分な知的貢献をしたのか、と素朴な疑問を感じる。

山水氏らの論文が掲載された学術雑誌の出版社は、親会社がオランダ・英国大手のエルゼビアだ。エルゼビアの出版倫理冊子によると、筆頭著者も共著者も医学雑誌編集者国際委員会（ＩＣＭＪＥ）のオーサーシップ（著者資格）ガイドラインを満たさなくてはならない、とある。日本医学会は次のようにそのガイドラインを和訳している。

〈著者資格の基準として以下４項目のすべてを満たすことをあげている。
① 研究の構想もしくはデザインについて、または研究データの入手、分析、もしくは解釈について実質的な貢献をする。

②　原稿の起草または重要な知的内容に関わる批判的な推敲に関与する。
③　出版原稿の最終承認をする。
④　研究のいかなる部分についても、正確性あるいは公正性に関する疑問が適切に調査され、解決されるようにし、研究のすべての側面について説明責任があることに同意する。〉

だが実際の運用は、もう少し柔軟である。しかし、共著者になるにはこれら四項目の大部分を満たすことが求められるものだ。それゆえ京都大学の調査結果をこのガイドラインと照らし合わせてみたとき、不信感は拭えない。つまり、調査結果を額面通りに受け止め、山水氏以外の一〇名の共著者の研究不正への責任を認めないということは、同時に、彼らが共著者となるためのオーサーシップ基準を満たさなかったことを間接的に認めていることになる。にもかかわらず、京都大学の調査は共著者のオーサーシップが妥当だったかどうかという重要な課題に触れていない。

視点を変えてみると、共著者一〇名のうち、誰一人として不正を突き止められなかったというのは少々理解し難い。不正を当初は疑わなくても、自分の名前が共著者として連なる研究成果としての論文を、真剣かつ注意深くチェックすべきであるのは当然のことだ。そのチェックは、必ずしも不正を見出すためのものではない。論文の内容に間違いがないことを確認するのが基本であり大前提だ。そのチェックを行う過程の副産物として、矛盾点や図面の問題点をみつけるはずだ。一〇名の共著者全員が原稿の投稿前の詳細チェックを怠ったと結論せざるを得ない。であれば極めて残念なことである。

例えば、融資の保証人を頼まれた場合を想像してみる。誰だって引き受ける前に真剣に検討するはずだ。論文の共著者に名を連ねるときも同じであり、研究者としての自分の信用がかかっている。真剣に検討するのは当然のことではないだろうか。

京都大学の記者会見を受け、マスメディア（日経新聞記事の見出しを代表例とする）は「京大・iPS研で論文不正　山中教授ら謝罪」を見出しにして伝えた。だが、先述した共著者のオーサーシップの問題について言及する報道は、私が知る限り一つもなかった。

二〇一八年一月二二日に京都大学が配布した会見資料の中に「本事案における再発防止策について」という資料もある。だがこれは単に一般的な内容にすぎず、特にオーサーシップ問題に全く触れていない。山中所長に対しては減給処分が下されたが、これは形式的といえる対応である。彼は論文の共著者でもなく、彼に責任があったとしても実質的には極めて薄いものだ。研究所長は大学の教員人事に影響力はあるが、各研究室の代表者となる教員（通常は教授、ときには准教授）が、基本的にその研究室の方針を決めるものだからだ。つまり、所長は形式的に全教員の「上長」となるが、全教員には学問の自由があり、自分の研究室のメンバーを除いて、他の教員の研究内容について指示をすることはできない。よって、今回のような研究不正に対する実質的責任はないといえるだろう。

二〇一八年三月二八日、京都大学は山水助教の懲戒解雇処分を発表した。こうして京都大学は、重要な問題に蓋をして本件の幕引きを図った。

論文の共著者の役割分担

複数の著者が名を連ねる論文を発表する場合、著者のうち誰かが投稿先の学術雑誌との連絡役を担当する。具体的には、原稿の推敲、雑誌への投稿手続き、査読結果が下りた際の編集者とのやりとり、原稿のリバイズ（改訂や修正）などの仕事を行う。この代表者を「コレスポンディング・オーサー」（日本ではときに「コレスポ」とも略す）と呼ぶ。

私の専門分野は地球物理学（地震学）だ。地球物理学分野では、コレスポンディング・オーサーは単なる連絡担当にすぎない。だが、二〇一四年にＳＴＡＰ疑惑（以下に述べる）が発生したとき、生命科学分野ではコレスポンディング・オーサーの立場が、地球物理学分野と全く違うとわかり、驚いた。

日本では、生命科学分野の研究者の間で、コレスポンディング・オーサーを「責任著者」とも呼ぶ。通常、著者順列の最後にあげられるのが責任著者だ。責任著者は研究室もしくは研究所のトップが務める。一方、筆頭著者（ファースト・オーサーとも呼ぶ）は通常その論文の作成作業の大部分を担った若手（ポストドクターや大学院生）だ。

山水氏らの論文の場合、彼は筆頭著者でもあったが責任著者（コレスポ）も務めた。地球科学分野であれば不思議なことではないが、生命科学分野では異例だ。なぜこの論文の最終著者が京大・iPS研究所教授（もしくは准教授）ではなく、特定拠点助教（当時）だったのか。逆に言うと、なぜ教授がコレスポにならなかったのか。そこに大きな謎が残る。

不適切なオーサーシップ

山水氏ら論文の共著者のオーサーシップ問題は「白」ではないが、「黒」でもない。「灰色」ということだが、「灰色」の濃さについては議論の余地がある。先述の医学雑誌編集者国際委員会（ＩＣＭＪＥ）のガイドラインを基準とすれば比較的濃い灰色だが、巷の論文を見渡すと、似たケースは無数にある。

オーサーシップについての研究界全体の認識はあまりにも甘すぎる。思い切った改善が望まれる。山水氏らの論文の共著者について付け加えると、彼らが「赤信号、みんなで渡れば怖くない」と言わんばかりに問題をうやむやのまま蓋をしてしまったことは実に不適切と指摘しておきたい。

さらに問題があるのは「ギフト・オーサーシップ」だ。これは何の知的貢献もしていない人を共著者としてリストアップすることである。例えば、論文に箔を付けるべく、ノーベル賞受賞者等の名前を借りて共著とすることで、編集者や査読者に対しての印象をよくしようとする、騙しのテクニックである。

反対のケースもある。若手研究者が雇用契約の期限を目前にして、研究成果がほとんど無いため、失職の危機にあるとしよう。そこで彼（彼女）は雇用契約を更新してもらえるよう、無関係な論文（つまり、何の知的貢献もしていない論文）に共著者として自分の名前をリストアップしてもらい、実績をでっちあげることがある。このような業績の水増しは、言うまでもなく不適切なオーサーシップだ。

「ゴースト・オーサーシップ」というものもある。ある製薬会社が自社の薬の効果と安全性を検証するために、大学病院に受託研究を依頼した。実際に臨床試験結果の統計学的データ分析とその論文作成を行ったのは製薬会社の社員なのだが、学術雑誌に論文を投稿する際の共著者としては大学病院所属の研究者の名前しか記載しない。つまり実質的に論文に大きく貢献した人物を共著者リストに含めないのだ。それは利益相反がある製薬会社の社員が臨床試験研究に参加したことを隠すためであり、典型的かつ悪質なゴースト・オーサーシップの例である。むろんこれもアウトだ。

問われる若手研究者育成と進路

京都大学の研究不正事件は、日本の研究者育成制度の問題点に警鐘を鳴らす「鉱山でのカナリア」ではなかっただろうか。今回の事件の背景には見逃すことのできない課題があったように思う。

この不正事件に手を染めた研究者の肩書き（当時）は、「特定拠点助教」だった。これは任期付き教員ポストだ。つまり、雇用期限が終了すると、雇用契約が更新されなければ（通常計一〇年間が最大雇用期限。初期契約は五年間で、一度のみ五年の更新が可能というケースが最も多い）、次の日から職を失う。これが精神的プレッシャーになることは間違いないだろう。むろん、任期付きポストに就いているほとんどの研究者が不正を犯していないことを強調しておく。

一九八四年に私が東京大学の助教授（現准教授相当）に着任したとき、国立大学の（少なくとも、私が就任した理学部〔現大学院理学系研究科〕の地球物理学科〔現地球惑星科学専攻〕における）基本組織は小講座が集まって形成されていた。一つの小講座は比較的狭い分野を担当しており、教授と助教授が一名ずつ、助手〔現助教相当〕が二名（一部の大学では一名）という構成だった。当時国立大学はまだ文部省直下の組織で、すべての「教官」は身分保障がある国家公務員だった。しかし、二〇〇〇年代の法人化後、身分は「国家公務員に準ずる」法人の職員となり、「教員」と呼ばれ、一部のポストは任期付きとなった。

私が来日した一九八〇年代の頃、一部の博士号取得者は助手ポスト（もしくはそれに相当する研究所のポスト）に就任できなくて「オーバードクター」となり、研究室に残りながらアルバイトをすることになった。その救済策として、日本学術振興会は厳しい審査を経て選抜される「特別研究員」という臨時ポストを設けた。

しかし、一九九〇年代に文部省〔当時〕は「大学院重点化」政策を実施、大学院に進学する学生が増加し、博士号を取得する院生も多くなった。それに伴い博士号取得者が就職できる臨時ポストも増えたが、三五歳前後の年齢で就ける、任期無しのポスト〔准教授以上、もしくはこれに相当する国立研究所のポスト〕がほとんど増えていないのだ。それゆえその年齢層の研究者たちの間では熾烈な「ポストの椅子取りゲーム」があり、その結果研究職から離れざるを得ない研究者も少なくない。

もちろんすべての博士号取得者が生涯にわたって教育研究職のポストを得ることは不可能だし、競争原理によってある程度選抜されることも避けられない。だが現在多くの大学院生がビッグプロジェクトの低賃金労働者となり、研究者としての育成を十分に受けていないという現状は問題である。

このように多くの研究者は三五歳前後まで不安定な状態にあり続けるわけで、結婚して子どもを持つことも難しくなる。特に女性研究者が結婚して子どもを産むことは、厳しい研究界で生き残るための支障となりかねない。ブラック企業の状況と似ている。

解決策はそう簡単ではない。だが、研究者育成プログラムなどで若手研究者のスキルアップを図ったり、また将来研究職以外の道も選択できるよう職能トレーニングに取り組むなどして、人材育成はできる。また、英語力を強化すれば、海外の研究機関に採用される可能性が高くなる。ここではこれ以上の議論はしないが、日本の将来にとって深刻な問題であることは間違いない。

日本の大学の世界ランキングが低下している

ところで、複数の企業が発表する「世界の大学ランキング」というものがある。最近では東京大学を含め、日本のトップ大学は軒並みランキングを落としている。ランキングというものは客観性を欠き杜撰な面があるから、必ずしも真面目にとらえる必要はない。しかし、ある程度はリアリティを反映すると認めざるを得ない。

大学のランキングを押し上げるための計算式を分析して、数字を上乗せしようとするいわば「知的粉飾決算」のような対策を取ろうとするのは愚かなことだ。すべきなのは、大学が抱える根本的な問題点の改善に力を注ぐことだ。それが成功すれば、ランキングは自然によくなる。ここで、私は大学のレベルアップに必要な、三つの課題をあげておきたい。

（1）大学のガバナンスの改善（トップダウンとボトムアップのベストミックス）。

（2）教員人事公募の際「タコ壺」的な採用をやめ、広く世界から最強の人材を選ぶ。

（3）英語教育の思い切った改善（中学校から大学まで）。学生の国際的競争力を高め、結果として国際的にレベルの高い大学をつくる（なお日本の英語教育の問題点については、本書の第4章をご参照されたい）。

日本の大学の執行部には緊張感が全くない。改革の意欲も少なく、狭い内輪において「好き嫌い」で教員人選を行い、「あまり悪くない（not so bad）」教員を集める。その結果「あまり良くない（not so good）」大学になるのは必然であろう。現在の教員人選のあり方の抜本的な改善は必要不可欠だ。

日本は資源があまりなく、科学技術で生きている国だ。だからこそ国の将来のために政府は大学に真の改革を促し、人材育成にこそ注力すべきだ。同時に、近年の日本のノーベル賞受賞者たちが強調しているように、基礎研究のための助成金を思い切り増加しないと、日本の科学研究の飛躍的な進展は期待できない。これまで政府は聞く耳を持たなかったが、手遅れになる前に取り組むべきだ。

「STAP細胞問題」、騒動のはじまり

これまで述べてきた「研究不正」だけでなく、研究者を取り巻く環境にはまだまだ多くの問題が山積している。

それを示す好例として、二〇一四年に起こった「STAP細胞」騒動を取り上げてみたい。国際的に権威のある「ネイチャー」誌に論文が発表されたとき、その内容もさることながら、中心人物が小保方晴子氏という若い女性研究者だったことでセンセーショナルな取り上げられ方をされたこともあり、まだ皆さんの記憶に新しいと思う。しかし半年も経ないうちに、それが「捏造と改ざん」の上に書かれたものだとわかり、やがて小保方氏の論文は撤回され、彼女自身調査中に所属の研究所を辞職して、その後「懲戒免職相当」の

処分を受けた。

しかし問題の本質はまだ解明されておらず、うやむやなままに終わってしまったと言わざるを得ない。

騒動当時の小保方氏の職名は、独立行政法人理化学研究所（通常、理研と略す）の「研究ユニットリーダー」だった。これは大学の専任講師（准教授と助教の間）相当で、五年間の任期付きポストだ。若手向けのポストだが、独立した研究者として自分の研究室のトップになり、部下を採用することができる。また研究費にも大変恵まれていた。研究室を開設するための「スタートアップマネー」は東京大学教授の四倍程度もあったのだ。さらに東京大学の場合は、その「スタートアップマネー」を、一〇年間にわたって毎年一〇％ずつ返済しなければならないのだが、理研では返済義務はなかったようだ。

二〇一四年初頭、小保方氏らは科学雑誌「ネイチャー」にSTAP細胞に関する論文を発表する。STAPとは「**S**timulus-**T**riggered **A**cquisition of **P**luripotency」（刺激惹起性多能性獲得）の頭文字からなる略語だ。この論文の内容をかいつまんで言えば、このSTAP細胞を使うと、ES細胞（胚性幹細胞）やiPS細胞（人工多能性幹細胞）よりもはるかにコストが安く、なおかつ簡単な再生医療が可能になる、というものである。

これに遡る二〇〇六年、京都大学再生医科学研究所の山中伸弥教授（当時）が率いる研究チームは、ｉＰＳ細胞の開発に成功したという論文を発表した。さらに翌二〇〇七年、山中教授のチームは、ｉＰＳ細胞を再生医療に導入するための治験にも成功する。「奇跡の医療」を可能にするかもしれないこの研究によって、山中教授は二〇一二年のノーベル生理学・医学賞を受賞した。

当初小保方氏らの研究は、山中教授のｉＰＳ細胞をしのぐ画期的な研究だといわれた。二〇一四年一月三〇日号の「ネイチャー」に論文が出ると、彼女らはＳＴＡＰ細胞発見を告知する記者会見を笑顔で開いた。論文発表に伴う記者会見の主役は、通常研究者ではなく、新しい研究成果のはずだ。だがメディアの報じ方も、研究者の世界としてはあまりにも派手なファッションの小保方氏を、あたかも主役であるがごとく取り上げた。「山中伸弥に続くノーベル賞受賞は間違いなし」「リケジョ（理系女子）の星が誕生」と、あらゆる国内メディアが、彼女をヒロインのように持ち上げた。

ところが事態は急変する。彼女が発表した論文に、データの捏造などいくつもの研究不正が発覚したのだ。問題だらけだったのは、「ネイチャー」に発表したＳＴＡＰ細胞の論文だけではない。かつて小保方氏が書いた博士論文にも、他人の文書からの悪質なコピー・アンド・ペースト（盗用・剽窃）やデータ捏造があることも発覚した。「ノーベル賞級」「リケジョの星」という期待は、あっという間に地に堕ちる。一九六四年に東京オリンピックで金メダルを取った女性バレーボール選手たちのあだ名にかけて、彼女を「盗用の魔女」と呼んだ人がいたのには苦笑させられたが。

二〇一四年四月一日に、理研の調査結果（研究不正と認定したもの）が発表され、同月八日に小保方氏が不服申し立てをしたが、翌月七日に理研の調査委員会は再調査は必要ないという結論を発表した。そして同年七月二日にネイチャーはSTAP論文の撤回を発表した。問題が発覚してから半年余りが過ぎた二〇一四年八月、小保方氏の共同研究者だった（STAP論文の共著者でもあった）理化学研究所の発生・再生科学総合研究センター笹井芳樹副センター長が自殺を遂げた。

以上がおおよその流れである。私は当初から、一連の経緯を見ていて強い違和感を覚えたのと同時に、さまざまな疑問を感じた。私はこれまで、幾度となく記者発表会を行い、自らの研究成果を公表してきた。だからこそプロフェッショナルな研究者として、理研の広報室や周りの先輩の研究者が小保方氏の言動に歯止めをかけなかったことを無責任だったと思う。

私の専門は他分野（地震学）ではあるが、小保方氏らの論文に関する生命科学分野の専門家の検証結果を見て、これは明らかな「インチキ」であると確信した。共同研究者はなぜ彼女の論文の不正を見過ごしたのか。そして、なぜこのような論文が「ネイチャー」のような権威ある学術雑誌に掲載されるに至ったのだろうか。

権威ある学術雑誌に論文が掲載された謎

ＳＴＡＰ論文は、小保方氏一人で書いたものではない。ハーバード大学のチャールズ・バカンティ教授（当時）や前出の笹井芳樹氏（故人）、理研の若山照彦氏（当時。現山梨大学教授）、早稲田大学理工学術院の常田聡教授、東京女子医科大学の大和雅之教授や岡野光夫教授など、多くの共同研究者たちがいた。なぜ誰も彼女の不正を見破れなかったのか。

「ＳＴＡＰ論文」は、草案作成開始から「ネイチャー」掲載までに、二年間ほどの推敲過程を経ている。まず、二〇一二年に、小保方氏は理化学研究所の研究者や若山照彦氏らの協力を受けながら（ただし、その時点で笹井氏は共著者ではなかった）、ＳＴＡＰ細胞に関する論文を作成して、生物科学分野の三大科学雑誌「ネイチャー」「サイエンス」「セル」に順に投稿した。だが論文は、三誌すべてからボツにされた。

一流の学術雑誌に投稿される論文は、「査読者」と言われる匿名の専門家（二名以上）の意見を聞き、内容が掲載に値すると認められた場合に掲載される。通常は採択の前に査読者のコメントを受け、多少（もしくは大幅に）訂正があるものだ。本来査読過程のやりとりは公にされないが、二〇一二年のボツとなった「サイエンス」の査読者からのコメントは、ＳＴＡＰ騒動が勃発した後、ネット上の有名サイト「リトラクション・ウォッチ」で公開された。そのコメントは「研究不正だ」とまで言い切るものではなかったが、いくつもの問題点が厳しく指摘され、結果的に論文はボツにされている。

さて、理化学研究所の笹井芳樹氏といえば、再生医療の分野ではまるで神様のような研究者だった。小保方論文が二〇一二年に却下されたことに危機感を抱いた（と推測できる）笹井氏は、共著者として合流しその論文を修正した。しかしそれはメリハリを付ける程度のものであり、査読者が指摘した根本的な問題をほとんど解決するものではなかった。

笹井氏が共著者となった後、二〇一三年春に「ネイチャー」に再びＳＴＡＰ論文を投稿した（実質的には再投稿だったが、形式上は新規投稿だった）が、これも手厳しい批判を受けた。そのときの査読者のコメントは他誌「サイエンス」のホームページのニュース欄に掲載されている。

だが二〇一三年秋に少し書き直した原稿を再度「ネイチャー」に投稿すると、今度はめでたく採択されたのだ。この点が、ＳＴＡＰ騒動の最も大きな謎だ。二〇一三年春に投稿した原稿に対して査読者から厳しい批判があったにもかかわらず、なぜ少し訂正しただけの論文が二〇一三年の秋に採択されたのか。それ以前のＳＴＡＰ論文の二つのバージョンに対する査読のコメントは、どこかからリークされたため見ることができるが、二〇一三年秋の最終原稿採択に関しての情報はまだ漏れていない。憶測は色々できるが、著者、査読者、編集担当者らのすべてのやり取りが公開されない限り、残念ながら採択理由の謎を解くことはできない。

通常、「ネイチャー」を含め、学術雑誌は査読過程のやり取りを公開しない。だが、STAP騒動の教訓を活かし、研究不正が発覚した場合、査読やり取りの非公開扱いを見直すべきだと思う（ただし、査読者の名前などの個人情報は非公開とする）。論文採択前になぜ不正が見破られなかったか（査読者が手を抜いたか、編者が甘すぎたかなど）を知ることは、その不正案件の責任を特定することに加え、今後の不正を防ぐ上で大いに役立つからだ。このようなルール変更を実施するためには、学術雑誌の業界団体（前出したCOPE）および複数国の政府の決定が必要だが、残念ながら、近いうちにそのような動きが始まる可能性は低い。

論文、研究者、学術雑誌には「格付け」がある

学問の世界には、一つの目安として「格付け」が存在する。特定の学術雑誌に掲載され

た論文が世界中の他の論文に何回引用されたかという値が、その論文の一つの評価値となる。この値を論文の「被引用件数」と呼び、当然のことながら件数が高ければ高いほど評価は上がる。なお被引用件数を集計する主要データベースは「ウェブ・オブ・サイエンス」、「スコーパス」、「グーグル・スカラー」だ。これらのデータベースのそれぞれの運用会社はクラリベイト・アナリティクス、エルセビエ、グーグルである。

「被引用件数データ」は、研究者や研究機関、学術雑誌にとって一定の評価基準の役割を果たすようになっている。分野・年齢などの違いもあるし、また論文を量産しやすいビッグプロジェクトの多人数による研究と少人数による研究とは、被引用件数も貢献度もおのずと異なる。従って単純に値を比較して評価とすることはできないが、被引用件数データは一つの「リアリティチェック」にはなる。

例えば人事選考のとき、ある候補者において引用件数の数値データが著しく低い場合、その人に相当のポジティブな評価に値する点が見出せない限りは選考リストから外すという目安になるだろう。

論文の本数や被引用件数などが一定の評価となるという点では、学術雑誌も同様だ。「ジャーナル・インパクト・ファクター」（ＪＩＦと略す）と呼ばれるものである。「ＪＩＦ」とは「過去二年以内にその雑誌に掲載された論文の被引用件数の平均値」であり、それはテレビ業界における局の平均視聴率のようなものだと考えてもらいたい。

論文が頻繁に引用されればされるほど、その学術誌の価値は上がる。だから良い論文を自誌に掲載させようと、どの雑誌も必死で競争をしている。「JIF」の高さが、雑誌の広告収入にも大きく影響してくる。この点においても、テレビ業界と似ているかもしれない。学術誌といっても、コマーシャリズムの影響を強く受けて広告に依存しているのだ。

日本や中国など、行政側が研究の世界を十分に理解できない国では、「JIF」の数値の高い学術雑誌（特に「ネイチャー」「サイエンス」「セル」）に掲載された論文が高く評価され、その著者たちが優遇されることになる。むろんこれらの雑誌に掲載された論文には良いものが多いが、すべてが優れているとは限らない。だから研究の内容ではなく、掲載媒体の「JIF」によってのみ個別の論文を評価するのは危険である。

小保方晴子氏の研究者経歴

さてここで、小保方氏の経歴を辿ってみよう（朝日新聞社の人物データベースによる）。

生まれは一九八三年、二〇〇六年早稲田大学理工学部応用化学科卒業、同大学大学院理工学研究科二〇〇八年修士課程修了、二〇一一同大学大学院先進理工学研究科博士課程修了。

この間、東京女子医科大学研修生を経て、二〇〇八年に米国ハーバード大学医学部研究員。二〇一一年理化学研究所発生・再生科学総合研究センター客員研究員になり、二〇一三年三月に同細胞リプログラミング研究ユニットリーダーとなった。

三〇代にさしかかったばかりの若い研究者が、天下の理研の研究ユニットリーダーに採用されたことは大抜擢といえよう。果たしてこの抜擢が適切だったのか。どのような点が評価されたのか?

それを調べるために、私は二〇一四年七月、小保方氏の論文の被引用件数データを検索した。採用時(二〇一三年)のデータを調べたいところだったが、システム上困難だったためそれは断念した。二〇一四年七月の時点で、小保方氏の被引用件数は六九件(不正のために撤回されたSTAP論文を除く)だとわかった。一方、ほぼ同年代で、ほぼ同じ時期に、同じ理研の研究所に採用された別の同身分の研究者の場合は、計五二九件だった。さらに同じ年代の同分野の若手研究者のデータも調べてみると(理研に応募したかどうか知らないが、潜在的対立候補者とはいえる)、それぞれの被引用件数は七六七、一四六、一二五、一一九だった。すなわち、小保方氏の研究業績の数値評価は極めて低かったことがわかる。にもかかわらず、彼女は理研で研究室代表者級のポストに採用されたのだ。

私は東京大学に勤めていた頃、大学の人事選考委員会の委員(委員長も含む)を何回も務めた。業績を示す数値データが低い者は、「これはすごい」といえる何かがなければ、採用になるのは極めて難しい。だが二〇一三年の段階で小保方氏には「これはすごい」といえるほどの「何か」はなかった（STAP論文の原稿があったとしても、まだ採択されていなかったために研究業績としてカウントされていない）。一般の大学の場合と違って、理研では人事選考はトップダウンで決定されると聞いている。いずれにしても、税金が割り当てられている団体である以上は納税者に対する説明責任があるはずだが、理研は小保方氏の採用に関して納得できるような説明を行っていない。マスメディアも壁がピンクの研究室、ムーミンパパのステッカー、割烹着姿などは延々と報道したが、小保方氏の採用の経緯についての理研への徹底的な取材は怠っていた。日本のジャーナリズムはそんなものだ、と言ってしまえばそれまでだが。

二〇一四年一〇月、早稲田大学は小保方氏の博士号取り消しを決めた（最終的に二〇一五年一一月に取り消し）。二〇一四年末に小保方氏は理化学研究所を退職し、二〇一五年二月に理研は「懲戒解雇に相当する」処分を発表した。彼女の研究者としてのキャリアは、これで幕を下ろした。

「性善説」に基づく論文の査読

私を含め、ほとんどの研究者はときどき他の研究者の書いた論文の査読をする。編者からの依頼で、論文についての評価書を作成するのだ。編者は二名以上の査読者の評価書を踏まえ、著者にその評価書を送る。なお査読は基本的に匿名だが、ほとんどの場合査読者は匿名権を放棄することができる。

査読制度の目的は不正（捏造、改ざん、剽窃）を検出することではなく、採択前に論文の問題点を洗い出し、著者たちに内容を改善してもらうことにある。例えば「ここは説得力に欠ける」「このような計算をもっとやってほしい」「論文をリライトするときに新たな計算結果を示せ」「この先行研究を引用すること」などといった指摘をするのだ。

私が投稿した論文に対して、査読者から「この論文に使っている計算は荒っぽすぎる。地球の内部構造を的確に推定しているかどうか疑問だ」というような指摘を受けたことがある。そのときは、理論的に計算精度がより高い手法を使って計算し直し、より確実な論拠を示した。だから最終的に掲載された論文は、最初の原稿に比べ内容がより良くなった。

私を含め、研究者は誰でも批判はされたくないものだが、査読者の建設的な批判（指摘）

に誠実に対応することで、原稿内容が良くなることは多いのだ。

査読者は「意図的な不正はないだろう」という前提で査読する。論文のクオリティを上げるための指摘や建設的な批判を行うのである。ちなみに最近の学術雑誌編集局では、査読制度とあわせて剽窃探知ソフトと不適切画像処理検索ソフトを使用している。だから、不正をキャッチする確率はある程度高くなってきている。なお査読制度は捏造・改ざん・剽窃を見出すことが直接の目的でないにせよ、おおよそ不正論文というものは矛盾だらけだ。よってこれらの矛盾点を指摘することによって、不正な論文の採択を防ぐことはできる。先述したように、二〇一三年春に「ネイチャー」に投稿したSTAP論文の査読者は問題点を十分指摘したので、「ネイチャー」はこの論文を採択しなかった。その意味で査読制度が有効に働いたといえる。しかし、二〇一三年後半に「ネイチャー」に再投稿されたバージョンは元の論文に対しての査読者の所見を十分反映しなかったにもかかわらず、「ネイチャー」の編集担当は採択を強行した。このことは大きな問題だ。

世界中の研究者が目を光らせる論文ツッコミウェブサイト

「PubPeer」というウェブサイトをご存知じだろうか。「査読」は英語で「peer review」

という。「peer」とは「対等な立場の人」という意味だ。裁判の陪審員制度がある英米などでは「a jury of one's peers」、つまり「対等な社会的立場の人たちから選んだ陪審員」が裁く。「PubPeer」でいう「peer」とは、大学や研究機関などで一定の業績がある研究者のことを指す。「Pub」はパブリケーション（論文）の略だ。

昔からほとんどの欧米の大学には「ジャーナル・クラブ」と呼ばれるものがある。これは、例えば週一回、同じ学科の教員、研究員、院生、学部生などが集まって、最近のジャーナル（学術雑誌）に掲載された論文について議論する（どういうわけか、日本ではこういう習慣があまりない）。「PubPeer」サイトは、創設時「オンライン・ジャーナル・クラブ」として位置づけられた。つまり、ネット上で最近出版された論文のメリットと欠点について議論できる場として立ち上げられたサイトだ。しかし、あっという間に「PubPeer」は不正論文を告発できるサイトとなった。論文についてのコメントは記名でもできるが、大多数が匿名だ。STAP論文の不正はこのサイトの書き込みによって発覚した。「PubPeer」に接続して「Obokata」とキーワードを入れて検索してみると、小保方晴子氏の六編の論文についてのコメントへのリンクが掲載される。そのうち、三つに「RETRACTION」（撤回）のバッジが貼られており、もう一つには「ERRATUM」（訂正）とのバッジが貼ってある。

個別の論文のリンクをクリックすると、その論文に対して疑義などを表するコメントが出てくる。小保方氏が二〇一四年一月三〇日付で「ネイチャー」に発表したSTAP論文については、早いものだと発表当日から疑問のコメントが次々と寄せられていたことがわかる（二〇一八年一〇月現在、コメント数は合計一三八件にのぼる）。

他人のあら探しをするのがジャーナル・クラブの主要目的ではないが、「PubPeer」には驚異的な勢いでSTAP細胞の論文への疑義が噴出した。

事の発端は、STAP論文の内容が正しいならば、STAP論文はすごい、ということにあった。従って、世界の多くの研究者は「正しいのであれば、一刻も早く自分の研究室で再現したい」「自分の研究に応用したい」という純粋な動機があったため、むさぼるようにSTAP論文を読んだのだろう。それにつれ「あまりに簡単すぎる」「あまりにうまくできすぎている」「ここまで簡単に結果が出るのならば、なぜこれまで誰も見つけられなかったのか」という素朴な疑問が出てくるのも、自然の流れであっただろう。

なお「この話はうまくできすぎている」は、英語で「too good to be true」（TGTBTと略す）という。あまりにも話がうまくできすぎていて、とても本当のこととは思えない、との意味である。STAP論文についての「PubPeer」上での書き込みを見てみると、TGTBTは非常に早い段階で表示されていた。

「ネイチャー」によるSTAP論文の正式撤回は二〇一四年七月二日だった。発表から半年以内に「STAP現象」は「STAP幻想」になったのだ。

事実確認能力に欠けるマスメディアや文部科学省

日本のマスメディアの対応は遅かった。NHKと大手新聞社にはサイエンスの専門知識を持つ記者がいるが、世間のムードを壊すのをためらったのかもしれない。結局NHKと大手新聞社が理研の不正認定を報道したのは二〇一四年三月末になってからで、その時点まで不正だと断言することを避けていた。さらに遅かったのは民放の情報番組（ワイドショーなど）だった。論文発表から二ヵ月半以上にわたって「STAP細胞はあるのか、ないのか」程度の低レベルの議論を延々と流し続けた。当時STAP騒動に乗っかった一連の番組は高視聴率を上げており、それを自らの手で下げるのは忍び難かったのだろう。

政治家の対応も、ワイドショー並みだったと言っていい。下村博文・文部科学大臣（当時）は、小保方氏の論文が発表された当日（二〇一四年一月三〇日）、次のように期待を語った。

「若い女性が研究しやすい、働きやすい環境を作り、第二、第三の小保方さんが出るよ

うに応援したい」（二〇一四年一月三一日付、朝日新聞夕刊）

STAP論文が大騒動になると、次のように擁護したものだ。

「疑義を払拭するための事実を積み重ね、もう一度発表することを希望する」

（二〇一四年三月一一日付、朝日新聞夕刊）

「PubPeer」では専門家がものすごい勢いで論文の問題点を指摘しているのに、下村大臣は要するに「再現実験をやって、STAP細胞が存在することを証明してほしい」と期待したわけだ。不正が認められたのならば、元の論文は存在しないに等しくなる。だから「再現」などあり得ない。文部科学行政のトップがこの程度の認識では、あまりにもレベルが低すぎる。

一般論として大臣は文部行政の方針を決める責任者だが、各専門分野に関わる課題については、その専門知識を持つ部下の報告を踏まえた上で公の場で意見を述べるものだろう。専門知識が明らかに足りないのに、部下に意見を聞かないまま先端研究について口を出すことは、ソビエト連邦の独裁者スターリンが支持したルイセンコの（反メンデル）遺伝子論や、米国トランプ大統領が温暖化否定論者を熱心に支持するのと同じだ。

ヒロインに祭り上げた日本政府

政府はスポーツ選手や将棋・囲碁の名人が活躍するたびに、彼らを官邸に呼び総理と一緒に記念写真を撮る。国民栄誉賞受賞者などの人気を利用して、自分たち政治家のイメージアップを図ろうとするのだ。そうした中、小保方氏もまさにポピュリズム政治の宣伝戦に利用されかけていた。彼女のSTAP会見から二週間後、日本政府は総合科学技術会議(現イノベーション会議)に小保方氏を臨時ゲストとして招こうと画策していたのだ。だが誰かが警鐘を鳴らしたらしく、幸いそれは見送られた。

STAP会見当日には、菅義偉官房長官が記者会見で次のように賛辞を送っている。〈STAP細胞は、ヒト細胞への適用など研究の進捗状況によっては将来的に革新的な再生医療につながると大いに期待をしている。特に(理研発生・再生科学総合研究センターの)小保方晴子さんをはじめ、関係者の努力に敬意を表したい。当初はこの研究が信じられないで、海外の科学雑誌への掲載も断られた、と聞いている。それだけ学会の常識を打ち破る画期的なものだ。成長戦略を考えている我が国の経済にとって画期的なことだ。

政府として再生医療の実現化に向けた取り組みを推進していきたい。イノベーションの推進には若手や女性の活躍が不可欠。小保方さんは30歳。こうした人が活躍できるような環境について政府としてしっかり応援していきたい。特に女性でもあり、将来に夢を持って支援をしていくことが大事だと思っています。〉（二〇一四年一月三一日、朝日新聞デジタル）

下村博文・文部科学大臣は、小保方氏の活躍が「新成長戦略と女性活躍の目玉」になると目論んだ。そこで、理化学研究所を「特定国立研究開発法人」に指定して多額の予算を投下できるよう指示していたのだ（のちに撤回）。結局ＳＴＡＰ騒動のために理研の「特定国立研究開発法人」認定は二年半延期され、二〇一六年一〇月にようやく実現した。若い女性研究者が論文を書いたというだけで、政府高官までもがことごとく騙されてしまった。少し調べてみればわかることなのに、裏を取り、事実を調べる能力も努力も著しく欠損していたと言わざるを得ない。

責任は共同研究者にもある

理化学研究所は「研究不正再発防止のための改革委員会」を設置し、二〇一四年四月一日に「小保方氏の論文には問題がある」と結論づける最終調査報告書を発表している。この有識者会議で委員を務めた東京大学大学院理学系研究科の塩見美喜子教授は、小保方氏と理化学研究所、そして彼女を取り巻いてきた教員と先輩研究者に対して極めて手厳しいコメントを出している。

〈理化学研究所の小保方晴子さんは研究者としての行動規範や論文作成に疎かったとされていますが、学生時代から適切な指導を受ける機会に恵まれなかったのかもしれません。〉

〈ベテラン研究者は頑張った若手がきちんと報われるよう、優れた人を的確に処遇することが大切です。それなのに理研はまともな論文を書く能力に欠け、倫理観も乏しい30歳の若手を抜擢しました。より多くの業績や倫理観があっても職に就けない若手研究者たちは不満に思ったはずです。そんなやり方では研究者が育たず、他の分野に逃げてしまいます。〉（二〇一四年六月一八日付、朝日新聞朝刊）

理化学研究所の対応はあまりに甘すぎた。調査委員会に疑惑の調査を依頼したのは、小保方氏の研究不正疑惑のうち六点のみだったのだ。相当疑わしいものが六点もあったのだから、巷で指摘されているすべての疑惑について、理化学研究所は調査を行うべきだった。

航空機が重大インシデントを引き起こしたときには、国土交通省の運輸安全委員会が厳しい調査を徹底的に実施する。それと同じように、理化学研究所は小保方氏が関わるあらゆる疑問点をとことん洗い出すべきだった。

理化学研究所の調査委員会は、六点のうち二点の不正を認定している。この不正に関与したのは小保方氏だけであって、論文に名前を連ねる他の共著者は関与していないと結論づけた。先述した山水論文の共著者逃げ切りと同様に、これについても私は首を傾げる。

理化学研究所の小保方氏よりランクが高いポストに就いている共著者たちは、小保方氏が論文を投稿する前にデータや草稿、実験ノートを厳しい目でチェックしなければならなかった。ところが小保方氏は実験ノートをたった数冊しか所有しておらず、しかもデータは理化学研究所所有のパソコンではなく、私有のパソコンで管理していた。こんな杜撰なデータ管理を看過していた理化学研究所は、管理責任を問われて当然ではないだろうか。

研究者とモラルの問題——巨額のカネが動く医学系・薬学系の世界

研究者も人間である。よりよい環境やポストを求め、よりよい成果を上げたいと願う。一般企業の社員や公務員と同様だ。だがそのモチベーションが、ときには不正な事件を引き起こすこともある。

さらにそこに巨額の資金が絡めば、不正への誘惑も多くなる。例えば薬学系であれば、研究助成金に何十億円、一〇〇億円といった巨額の予算が動くことも珍しくない。研究論文により新薬の有効性や安全性が保証されれば、製薬会社は莫大な利益を得るだろう。さらに画期的な新薬が開発されれば、数千億円、ときには兆単位の利益をもたらす。

スイスの製薬会社ノバルティスは、数年前に日本で研究不正事件を起こしている。血圧降下剤ディオバン（これはブランド名。通常名はバルサルタン）の有効性と安全性を証明するため、薬剤投与を受けた患者のフォローアップ研究をするよう、日本の五つの大学へ受託研究を発注した。だが二〇一〇年頃、それに関連して発表された論文において不正疑惑が浮上し、調査が行われた。その結果不正が認定され、六つの論文が撤回された（「ネイチャー」の二〇一三年のニュース記事による）。

撤回された論文の一つは、二〇〇七年に慈恵大学の研究者が中心となり、イギリスの医学雑誌「ザ・ランセット」に掲載されたものだ。その論文において統計学データ解析を担当したのは「Osaka City University Graduate School—Nobuo Shirahashi」とあったが、彼は大阪市立大学で非常勤講師を務めたことはあったものの、実はノバルティスの社員だったのだ。ノバルティス社員の利益相反関係が、編者、査読者、そして一般読者から隠蔽されたのだ。このことは大問題とみなされた。雑誌に掲載された後、この問題とデータ分析の信憑性の疑惑が浮上した結果、論文は二〇一三年に撤回された。これは文字通りのゴースト・オーサーシップではないが、実質的に同じようなものだ。

この事件は関係者が離職などの処分を受けるだけでは済まない問題をはらんでいる。有効性と安全性が実証されていない薬を与えられた患者が受けるであろう、身体的・精神的な被害はどうなるのか、あるいは国や健康保険組合に与えたであろう金銭的損失はどうなるのか。ただ単に、不正に直接関わった人や会社の倫理上の問題だけではすまされない。

余談だが、二〇一八年五月、ノバルティスの役員（総合法務担当）フェリックス・エラト（Felix Ehrat）氏が辞任した。トランプ大統領の個人弁護士だったマイケル・コーエン氏（二〇一八年八月に司法取引で脱税などの刑事告発罪状の有罪を認めた）の会社にノバルティスが一二〇万ドル（約一億三五〇〇万円）ものカネを支払っていたことが発覚したからだ。これは弁護士への相談料という名目だったが、事実上の賄賂とみなすべきだろう。コーエン氏がトランプ大統領のフィクサーであることは、今や公然たる事実なのだから。

製薬会社の世界では、莫大な額のカネが動く。研究不正を放っておくと、政・官・学・民へとどんどん問題が波及し、取り返しのつかない膨大なダメージをもたらしかねない。サイエンスにカネがからみすぎると、研究者のモラルは腐敗する。このような事態を避けるため、研究者はどのような状況にあっても自己の研究倫理と哲学を自分の中心に置かなければならない。

私はアメリカのカリフォルニア工科大学で、前章でも触れたノーベル物理学賞受賞者（一九六五年）リチャード・ファインマンから教えを受けた。先生はいつも「研究者は常に真理をありのままに語るべきだ」と口癖のように繰り返していたものだ。

欧米では裁判において、証言者は真実を語ることを宣誓する。同様に研究者も、すべての真実を述べるべきだと考える。真実以外のことを述べてはならない。この基本姿勢を、私たちは断固として揺るがせてはならない。

医療技術開発の巨額詐欺

医療技術開発の世界における不正はさまざまだ。セラノス（Theranos）は、一九歳でスタンフォード大学を中退した女性（エリザベス・ホームズ氏）が立ち上げたアメリカの医療ベンチャー企業だ。手軽に血液検査ができる安価なキットを開発したと発表し、一躍注目の的となった。宣伝のやり方も上手で話題性があり、有名人からの投資もうまく集めた。「メディア王」の異名を取る億万長者ルパート・マードック氏は、セラノスに期待し一億二五〇〇万ドル（約一四〇億円）もの投資を行った。ところが二〇一五年、アメリカの経済紙ウォール・ストリート・ジャーナル（皮肉だが、マードック氏が会長を務めるニューズ・コーポレーション、通称「ニューズ・コープ」はこの新聞の親会社だ）が、セラノスが血液検査に関する不正を働いていたという事実を暴露した。

この報道を引き金に、セラノスの信用はガタ落ちになり、一億二五〇〇万ドルの株式はたった一ドルの紙切れになってしまった。マードック氏ほどの成功を収めた人間でも、詐欺師にコロリと騙されてしまったのだ。セラノスの創設者は学部中退者で修士号や博士号どころか、化学や電子工学、医学の学士号（学部卒業の証明書）すら持ってない。そんな彼女が、なぜ世界中の研究機関や大手医療機器メーカーですらつくれない高品質の血液検査キットをつくれたのか。マードック氏をはじめとするセラノスに投資した「カモ」たちは、「この話はうまくできすぎている」と疑問を持つべきだった。やはり、STAP細胞と同様に、セラノスの話は「too good to be true（TGTBT）」だった。

どこの研究所にも、ドクターやエンジニアなど優秀なスタッフがゴロゴロいる。もし、彼らがものすごい検査キットを開発できたなら、研究機関や企業のラボに利益を奪われないよう、自分だけで開発して独占的に製造したほうがいい。

ホームズ氏も、その手の優秀な研究者だと誤解されていた。問題は、彼女がどういう技術を使って安上がりの血液検査キットを開発したのか、投資家にきちんと説明しなかったことだ。少し立ち止まってみればセラノスの医療ビジネスは、いわばネズミ講のような低レベルのインチキだと見抜けたはずなのに、どういうわけか皆が騙されてしまった。

興味深いことに、マードック氏だけでなく、ジェームズ・マティス氏（トランプ政権の国防長官）、ウィリアム・ペリー氏（クリントン政権の国防長官）、ジョージ・シュルツ氏（レーガン政権の国務長官）、ヘンリー・キッシンジャー氏（フォード政権の国務長官）など、ホワイトハウスの錚々たる面々がセラノスの役員に名を連ねている。

医療技術開発者としては低レベルであっても、詐欺師のようにハイレベルな口八丁であれば、これだけの面々を騙して手玉に取ることができるのだ。なお二〇一八年六月、エリザベス・ホームズ氏は詐欺罪で起訴され、会社は近く解散する予定だ。

海外の学界でのセクハラ・パワハラ事件

さてここで話題は少し変わる。日本では、良いものであれ悪いものであれ、トレンドが海外発祥ということがしばしばある。二〇一七年、アメリカで「MeToo」運動が起き、そこから世界へと広がったが、それが研究者の世界にも波及した。日本の大学や研究機関においてもセクシュアル・ハラスメント（「セクハラ」）とパワー・ハラスメント（「パワハラ」）の事件が数多くあるが、欧米での数は日本に勝る。

ちなみに英語圏では、「セクハラ」は「セクシュアル・ハラスメント」だが、「パワハラ」は「ブリイング（bullying）」という。大人の世界でのパワハラと子ども（学校など）の世界の「いじめ」のすべてを「ブリイング」と呼ぶ。

何年も前から、自然科学研究の世界では国内外でセクハラ・パワハラ事件が起こっていた。日本では刑事告発や民事訴訟にまでいかない場合、大学や研究所が処分を決定し、加害者の名前を伏せたまま幕引きにすることが多い。一方、海外では多くの場合処分者の名前が公表される。

世界の科学界で、これまでにセクハラ事件として大きく取り上げられたものがいくつかある。まず、天文学分野の二件を紹介しよう。

最初にあげるのは、ジェフリー・マーシー氏（Geoffrey Marcy）の件だ。彼は二〇一五年一〇月までカリフォルニア大学バークレー校（ＵＣＢ）の教授だった。専門は天文学（太陽系外惑星の観測）だ。二〇一一年四月、大学宛に彼のセクハラ疑惑の告発があった。大学が調査した結果、二〇〇一～二〇一〇年に複数のセクハラ行為があったと認定された。二〇一五年七月に大学側が取った措置は、注意を喚起する程度の訓告処分だった。しかも処分は非公開だった。憶測だが、彼が自身の専門分野における第一人者で、多額の外部資金を得ており、これが処分の手柔らかさの理由として考えられる。

だがマーシー氏に対するUCBの処分の甘さに被害者たちが怒りを表明し、マスメディアにネタを提供したのかもしれない（これもあくまでも憶測である）。というのは二〇一五年一〇月九日、オンラインメディアのバズフィードのアジーン・ゴラシー記者は、「バークレーの名天文学者は長年にわたって反則となるセクハラ行為を行った」と題する記事を発表したのだ。その五日後、マーシー氏は辞意を表明し、二〇一五年一二月末に正式に辞任となった。

私の母校カリフォルニア工科大学（カルテク）の若手天文学教授（当時三八歳）クリスチャン・オット氏は、指導した大学生からセクハラとパワハラを告発された。調査の結果、二〇一五年九月にそれらが認定されるに至っている。懲戒処分として九ヵ月間のキャンパスへの出入り禁止処分がなされた（その間は無給）。

処分は非公開だったが、おそらく処分の甘さに対して怒った女性たちがネタを持ち込んだものと思われる（これまた憶測だが）。バズフィードの同じくゴラシー記者が大学に対して取材を行った。この取材を受けた大学側が翌二〇一六年一月四日に談話を発表したが、談話は加害者を名指ししていなかった。その八日後、ゴラシー記者による記事「指導した院生と恋に落ちた――そのために彼女を解雇した」が発表された。処分中オット氏が禁止処分に違反してその院生とコンタクトをとったために、処分はさらに一年間延長された。二〇一七年八月（ちょうど大学側が今後の彼の待遇を検討していたとき）、オット氏は辞意を表明し、その年の終わりには辞任している。その後オット氏はフィンランドのトゥルク大学で二〇一八年三月から教員ポストに就く予定だったが、着任前に反対署名運動が起こり、大学側は契約を取り消している。

多くのセクハラ疑惑では加害者は男だが、女性が加害者の場合もある。その一人は（私立）ニューヨーク大学教授アヴィタル・ロネル氏だ（比較文学・ドイツ語）。彼女は指導した男性大学院生に対して二〇一二年からさまざまなセクハラ行為を行ったと告発され、二〇一八年五月、大学側の調査により、セクハラ行為が認定された（性的暴行告発は認定されなかった）。処分は一年間の職務停止だった。

処分が決定した直後、同分野の他大学の教授クラスの研究者六〇名が署名運動を行った。「ロネル氏は研究分野の第一人者である。我々署名者は調査内容の詳細を知らないが、それでもこのような重要人物に対しての処分をやめるよう要求する」という内容だ。被害者への配慮を欠くこの署名運動は、ツイッター上で顰蹙《ひんしゅく》を買った。

広まる「#MeTooSTEM」運動

上記の三名の教授によるセクハラ事件の共通点は、加害者が教授（男性二名、女性一名）という指導する立場にあり、被害者が指導を受ける立場にあったことだ。「指導を受ける立場」は、必ずしも学内の指導教員の教え子とは限らない。例えば学会大会やシンポジウムのときに、高名な教授が他大学の学生やポストドクターと会う場合でも、前者は後者に対してかなりの権限を持ちうる。高名な研究者が、若手のために有利な推薦状を書いたり、論文について好意的な査読をしたりすることは、若手のキャリアにとって大きなプラスとなる。逆に、教授が否定的な内容の推薦状を書いたり、論文に対して厳しい査読を書いたりすると、若手のキャリアにとってマイナスとなる。

相互の立場がこのように対等でない場合、例えば教授と若手研究者の間で性的関係があった場合、表面的には「了解の上」であっても、それは建前で、「道義的準強制的」な要素がなかったか、疑ってしかるべきだろう。本質的にはパワハラなのだ。このため近年では、多くの大学は、教員と教員が直接もしくは間接的に指導する学生（院生を含めて）との性的関係を禁じている。医師と患者の間のルールと同様になったわけだ。

セクハラ疑惑は研究界に限らない。映画業界で名プロデューサーとして有名なハーヴェイ・ワインスタイン氏は約八〇名の女性からセクハラなどで告発され、結局彼は解雇された。現在はレイプ疑惑で告発されている。

ワインスタイン氏は絶大な権力を有していたため、被害者は「セクハラを告発したら映画界から追い出されるのではないか」と恐れ、泣き寝入りしてきたのだ。だが少しずつ勇気ある告発が増えた。ツイッター上で「私も」(#MeToo)とのハッシュタグが流行し、被害者の告発を後押しした。

ところで、「STEM」と言う略語がある。「Science」「Technology」「Engineering」「Mathematics」のそれぞれの頭文字の略だ。(主にアメリカの)女性研究者たちは、「#MeTooSTEM」というハッシュタグを付けて自然科学研究界におけるセクハラ問題を取り上げている。「#MeTooScience」「#MeTooMedicine」というハッシュタグもある。これらのハッシュタグでのツイートは、個別案件ではなく、主にこのような問題を引き起こす要因となった社会の構造的な問題を取り上げている。

科学界にはヒエラルキーがある。アメリカでのそのヒエラルキーのトップは米国科学アカデミー(National Academy of Science, NAS)だ。二〇一八年現在、約二三八〇人の会員と約四八五人の海外会員がいる。会員選抜は現会員によって行われる。一度会員になった人から会員権を剝奪することは、現行のルールでは不可能に近い。「#MeTooSTEM」運動の大きな目的の一つは、セクハラなどが認定されたＮＡＳ会員から会員権を剝奪できる制度を作ることだ。

そのような動きに反してアカデミー側は、現制度（実質的にハラスメント前科者を追い出すことが不可能になっている）を必死で守ろうとしている（ちなみにアカデミーの現会長は女性だ）。これは、実は驚くことではない。結局、ヒエラルキーのトップやそれに近いポジションにいる研究者は、お互いを守る傾向にある。これは裏で結託しているとかではなく、一種の「忖度」というのが近いだろう。

日本でも同様の問題があるだろうが、アメリカのようにインターネットで明るみにされ爆発的に拡散された案件はまだないようだ（上記の三件はアメリカを代表する案件だが、同様のものはほかにも多くある）。

研究室が相撲部屋のような閉鎖的ユニットであると、セクハラやパワハラ事件が生じるのは当然のことだ。新しい、開かれた指導制度を設けることが、全世界の研究コミュニティにとって急務である。

ロバート・ゲラーの辛口英語コラム

「ノー」という言葉が通じない人たち

米国の「#MeTooSTEM」騒動をめぐって思い出したことがある。

アメリカのカントリー音楽に、ロリー・モーガンが歌った「What part of "no" don't you understand」という曲がある。直訳すると「『ノー』という言葉のどの部分を、あなたはわからないの」という意味だ。

全世界の研究界において、指導教員と教え子の性的関係は完全にアウトというのは、一般常識だ。同様に、ポストドクターと、そのボスとの肉体関係は禁物だ。なぜかというと、前述したように上下関係があり、仕事上の力関係ゆえに下の人は上の人に対して「ノー」と言えないからだ。

一方、シンポジウムや学会で、A大学のX教授とB大学のY大学院生が出会い、お互い少し気になって夕食を食べに行き、片方が興奮して口説きをエスカレートすれば……さあ、これはどう考えるべきだろう。

本章で述べたように、格上の教授と他大学の院生の間にも暗黙の力関係のアンバランスさがあるから、こういう恋愛関係は無論やめておくにこしたことはない。されど、人間はいろいろだし、ある意味で人生は「求愛踊りプラスアルファ」ともいえる。大人同士の間のことに、外野があまりどうのこうの言うべきではないのかもしれない。

キーワードは「ノー」だ。どのような力関係であれ、片方が「ノー」とか「やめて」と言うならば、相手はこれを守らなければいけない。そうすればトラブルが発生しかけたときに丸く収まる。

残念ながら、理系の多くの成功者は「研究馬鹿」だ。優れた研究をするが、教養もコミュニケーション能力も足りない者が多すぎる。日本だけでなく、世界中どこでも理系教育は専門科目に偏りすぎ、人間としての育成が足りない。

第3章

年間一万五〇〇〇人が受動喫煙で死亡する日本

骨抜きにされた「タバコのないオリンピック」

二〇一〇年七月二一日、WHO（世界保健機関）とIOC（国際オリンピック委員会）は「Tobacco Free Olympic Games」（タバコのないオリンピック）の実現へ向けての合意を発表した。

合意についてのWHOのニュースリリースによると、生活習慣病による死亡者は、世界で毎年三五〇〇万人にのぼるという。このうち九〇〇〇万人は六〇歳以下、その九割は途上国が占める。こうした死亡例は〈喫煙、不健康な食習慣、運動不足をなくすことで予防できる〉という（WHOのニュースリリースより）。

WHOのマーガレット・チャン事務局長は〈IOCとの合意は、世界中の主要な死亡原因である疾病に対処する能力を高める。これらの疾病の問題に取り組むことは、二一世紀の持続可能な開発のために必要な大きな課題だ〉と語っている（同）。

喫煙大国・日本にとっては、甚だ耳の痛い話だ。二〇二〇年夏の東京オリンピック・パラリンピックで、日本はどこまで受動喫煙をなくし、「タバコのないオリンピック」を実現できるのか。世界が注視している。

そんな中、二〇一八年七月に国会で改正版・健康増進法が成立した（オリンピック開催四カ月前の二〇二〇年四月に施行）。受動喫煙をどこまで防げるかが焦点だったわけだが、その内容を見ると、禁煙を推進する議員連盟は、自民党を中心とする喫煙推進派に押し切られてしまったようだ。

この法律により、レストランなどは原則として屋内禁煙にされる。ただし喫煙専用ルームであれば、タバコを吸える。

一番の問題は、居酒屋や焼き鳥屋など中小規模の店舗について規制を強化できなかったことだ。資本金五〇〇〇万円以下、客室が一〇〇平方メートル以下の店舗であれば、客や店員がタバコを吸ってもお咎めはない。飲み屋やバー、スナックでプカプカタバコを吸っても問題のない状態が、東京オリンピック開催中も開催後も全国各地で続くのだ。

これでは「タバコのないオリンピック」どころではない。

受動喫煙ストップの流れは、残念ながら骨抜きにされてしまった。

小池百合子・東京都知事はどこまでタバコを規制できるのか

二〇一六年七月、環境大臣や防衛大臣を歴任した小池百合子氏が東京都知事選挙に当選した。絶大な人気を誇って臨んだ二〇一七年七月の東京都議会議員選挙では、自らが率いる「都民ファーストの会」が圧勝した（ただしその直後の衆議院総選挙では、小池都知事の「全員を受け入れることは、さらさらない」失言によって「希望の党」は惨敗したが）。

二〇一七年七月の東京都議会議員選挙（都議選）で、小池都知事は「受動喫煙防止条例」や「子どもを受動喫煙から守る条例」を制定し、都議会棟を全面禁煙にすることを公約に掲げた。あの頃の小池氏には、思い切った受動喫煙対策を実行に移してくれそうな予感があった。

二〇一八年六月に東京都で成立した「受動喫煙防止条例」は、国会で成立した改正版・健康増進法よりも踏み込んだ内容となった。従業員が勤務している飲食店の店内は、原則として全面禁煙にすることが決まったからだ。

都内では店内が狭かろうが広かろうが、従業員がいる店ではタバコを吸えない。これまで喫煙フリーだったバーやスナックは打撃を受けるかもしれない。だが飲食店の従業員は、タバコを吸いたくなくても大量の受動喫煙に無理やりさらされるのだ。おカネを稼ぐためには、タバコの煙をたくさん浴びてでも必死で働かなければならない。彼ら飲食店の従業員がこうむる受動喫煙の量は、私たちとは比較にならないほど大きい。だからこれくらい踏み込んだ条例を作らなければ受動喫煙は防げない。

この条例は、東京オリンピック直前の二〇二〇年四月から東京都で施行されることになった。東京オリンピックに向けて、小池都知事にはさらなる思い切った対策を期待したい。

受動喫煙は、飲食店だけの問題ではない。路上喫煙禁止条例が東京都をはじめ全国各地で成立したのは、二〇〇二年のことだ。路上喫煙やタバコのポイ捨てが見つかったとき、その場で二〇〇〇円の罰金を徴収したのは東京都の千代田区だった。

だが路上喫煙規制にいち早く取り組んだものの、その後規制は足踏みが続いている。その理由は、一応禁止されているがペナルティが毎回科されるわけではないからだ。従ってプカプカタバコを吸う人はなくならない。私が住んでいるのは東京都荒川区だが、毎日路上で喫煙している数名とすれ違う。まだこの条例は有名無実に等しい。

路上喫煙は、道行く不特定多数の人に対して影響を与える。中には喘息や化学物質過敏症などの人がいるかもしれない。喫煙者が吐き出すタバコの煙は相手を選ばず将来的に健康被害を及ぼすのだ。こうした現状は、インバウンド（外国人観光客）四〇〇〇万人時代を目指す日本の恥である。

とはいえ小池都知事はときどき良いことも言うが、思いつきでモノを言う局面があまりにも多いのが気になるところではある。この東京都の受動喫煙防止条例がどこまで実現されるのか、今後注視しなくてはならない。

話はタバコ問題からそれるが、二〇一七年八月の小池都知事の発言には驚いた。

一九二三年関東大震災が起きたとき、東京では「朝鮮人が井戸に毒を投げ込んでいる」というデマが流布し、暴徒が多くの朝鮮人を虐殺した。そこで関東大震災が起きた九月一日には、東京都墨田区にある慰霊堂で毎年虐殺された在日朝鮮人のための追悼式典が開かれている。ところが二〇一七年八月、小池都知事はこの式典に追悼文を送ることを取りやめたのだ。その理由について、定例記者会見で次のように説明する。


〈関東大震災という大変大きな災害があり、そして、それに付随した形で、関連した形でお亡くなりになった方々っていうのは、国籍を問わず多かったと思っております。（略）全ての方々に対しての慰霊を行っていくという点については変わりがないわけでございます。（略）全ての方々への法要を行っていきたいという意味から、今回特別な形での追悼文を提出するということは控えさせていただいた〉（二〇一七年八月二五日）

関東大震災で虐殺された在日朝鮮人への追悼文は、あの石原慎太郎都知事でさえ送っていた。都知事としての慣例をあえて取りやめるとなると、朝鮮人大虐殺という歴史的事実の見方について、何らかの意図があると見られても仕方ない。海外の人々から見れば、時代のコマを逆回しするかのような都知事は「revisionist」（歴史修正主義者）と映るだろう（なお小池都知事は、二〇一八年九月の式典にも二年連続で追悼文送付を取りやめた）。

タバコ規制に関しても、思いつきで流れを逆戻りさせるのはやめてほしい。そんなことを繰り返していれば「希望の党」はますます「絶望の党」へと成り下がり、都民の「健康ファースト」は三番手、四番手へと格下げされてしまう。

年間一万五〇〇〇人が受動喫煙で死亡する日本

幸福追求権は、日本国憲法第一三条で誰にでも認められている。「たとえタバコを吸って不健康になったとしても、かわりに良い気分に浸れるのであれば構わない」――いわば「愚行権」を行使することは、憲法が謳う幸福追求権行使の裏返しでもある。だから国家が喫煙者に対して、無理やりタバコを吸うことをやめさせるわけにはいかない。これが、喫煙推進派が好んで論拠とするものだ。

では、非喫煙者が受動喫煙の被害を受けることについてはどうなのだろう。喫煙者にいくらタバコを吸うという「愚行権」行使が許されるとしても、受動喫煙によって非喫煙者の健康を害する権利まで保障されているわけがない。受動喫煙が非喫煙者にとって健康被害をもたらすことは火を見るより明らかだ。

では、その健康被害はどの程度あるのだろうか？

もし喫煙が単にマナーの問題なのだとすれば、マナーの良し悪しについて喫煙者と非喫煙者が妥協すればいい。しかし受動喫煙が健康上の危険をもたらす場合、マナーが良かろうが悪かろうが、国が公共政策によって、喫煙者に妥協を促す必要がある。

いったい受動喫煙が、どれほどの健康被害をもたらすのか。具体的な情報は、厚生労働省のウェブサイトにアクセスしてみればわかる。

二〇一六年六月、国立がん研究センターの研究チームは、受動喫煙によって日本の人々が年間約一万五〇〇〇人も死亡しているという衝撃的な推計を発表した。

内訳は肺ガンが二四八四人、虚血性心疾患が四四五九人、脳卒中が八〇一四人、乳幼児突然死症候群七三人だ（国立がん研究センター・がん登録センター室長片野田耕太氏らの研究成果報告書による）。

二〇一七年、日本では交通事故によって三六九四人が死亡している。喫煙がもたらす年間の死亡者は、交通事故死亡者の四倍だ。

アメリカ政府の疾病予防管理センター（ＣＤＣ）は、アメリカにおける受動喫煙の年間死亡者数を約四万人と推計した。アメリカと日本の人口比を調整すると、CDCの推計と国立がん研究センターの推計はほぼ一致する。

二〇一八年三月、私は内閣府に対して、国立がん研究センターの推計をどう見るか質問をした。だが内閣府からの回答は、本件に対して答えられる人間が誰もいないというものだった。また厚生労働省からの回答の要旨は、次のようなものにとどまった。「国立がん研究センターの研究成果は私たちも当然認識している。だがこの研究は、あくまでも政府が受動喫煙に関する方針を決定する際に考慮する項目の一つにすぎない」と。喫煙規制反対派は「強硬な受動喫煙規制は、バーやレストランの利益を減らしてしまう」と言う。政府が受動喫煙に関する方針を決定する際には、彼らが抱える経済的事情も考慮しなければならないわけだ。

いずれにせよ、こうしている間にも、日本では年間一万五〇〇〇人が受動喫煙が原因で死に至っている。受動喫煙による健康被害は少しずつ蓄積されていき、長い年月をかけて死の病へと直結するのだ。

受動喫煙はすぐには目に見える被害をもたらさないため、人々の怒りがただちに爆発することはない。それゆえ「交通事故の四倍もの死亡者を生む喫煙を許すな!」という声は、緊急性をもって政策に反映されにくいわけだ。

かたやＪＴ（日本たばこ産業）だけでなく、喫煙を許すバーなどのオーナーにとっては、喫煙規制はただちに目に見える経済的打撃をもたらす。だから彼らは非喫煙者の声よりもはるかに大きな抗議の声を上げるのだ。

科学的根拠のない喫煙推進派の意見

ＪＴも日本政府も、タバコビジネスによってすさまじい利益を上げてきた。タバコにものすごい率の重税が課せられていることは、非喫煙者にはあまり知られていない。ＪＴのウェブサイトに紹介されている数字を見てみよう。以下がタバコの税負担率だ（一箱四八〇円の場合）。

国たばこ税　一一六・〇四円（二四・二％）
都道府県たばこ税　一八・六円（三・九％）
区市町村たばこ税　一一三・八四円（二三・七％）
たばこ特別税　一六・四円（三・四％）
消費税　三五・五五円（七・四％）

合計　三〇〇・四三円（六二・六％）

ここまで税率が高いにもかかわらず、タバコは売れる。そのおかげで、政府はタバコ販売だけで二兆円もの税収を毎年獲得してきた。政府にとっては、タバコを厳しく規制すればするほど、貴重な財源を失うことになるわけだ。

規制に伴って、ＪＴはタバコの単価を少しずつ上げ続けてきた。そうすれば喫煙者の総数が減ったとしても利益を確保できるし、政府は税収を減らさずに済む。

ただし、ＪＴおよび政府は、タバコによる被害（受動喫煙による被害も含めて）を全く考慮していない。タバコの害によって削られるとされる約八～一〇年分の命（日本医師会による）をお金に置き換えるのは難しいが、本人だけでなく国にとっても大きな損失であることは間違いない。

これまで、国内外を問わずタバコのメーカーは、喫煙は病気や死亡の原因ではないと主張し続けてきた。しかし、一九六四年にアメリカ政府の公式報告書において、喫煙が肺ガンなどの原因だと断言された。これにより、タバコのメーカーは喫煙と健康問題との関係を完全否定できなくなってしまう。そこで今度は、喫煙のリスクがあるにせよそれがどれくらいなのかまだまだ不明な点が多いとして、タバコの健康への害についての研究をさらに遂行すべきと主張することで、規制強化を少しでも先延ばしにしようという手段に出る。こうして人々を「煙に巻く」ならぬ「疑問に巻く」広報作戦に出たのだ。

なおこのタバコのメーカーの作戦は、地球温暖化を否定する石油会社にとって大変参考になるものだったようだ。二〇一〇年、アメリカで『Merchants of Doubt』（『疑問の商人』）という本が出版された。日本語版は『世界を騙しつづける科学者たち』として出版されている（エリック・M・コンウェイ、ナオミ・オレスケス著、福岡洋一訳、楽工社、上下巻、二〇一一年）。この本のタイトルは武器メーカーを示す「Merchants of Death」（「死の商人」）にかけている。

「疑問の商人」の仕事は、クライアント（石油業界、石炭業界、タバコ業界）のために、「時間を稼ぐこと」だ。例えば、温暖化対策の一環として、石油や石炭に対する規制を強化すべきだということは、関係者全員がわかっていることだ。だが、「疑問の商人」は、次のような戦法を取る。「現時点では不明な点がまだまだ多いので、さらに研究を続けるべきだ」と声高に主張し、規制につながる具体的な対策が取られるのを先延ばしにする。同時に政治献金をばらまき、規制を強化する法案の採択を遅らせる。こうしてタバコ業界は同様の時間稼ぎ戦法を取った。まさに、タバコ業界は市民を「煙に巻いた」のだった。

「疑問の商人」は大手広報会社や広告代理店であり、彼らの手足になる人たちは「否定屋」（英語で「denier」という）と呼ばれる人たちだ。本書の第1章でも触れたが、政府の言いなりとなる御用学者は一応それなりに（一流ではないかもしれないが）研究業績がある研究者だ。一方、一部の「否定屋」は研究が完全に行き詰まった理系の専門家（例えば物理学者）だが、中には文系の人もいる。多くの場合、「否定屋」は受動喫煙のリスクも、地球温暖化も否定する場合が多い。ときには進化論もワクチンも否定する者もいる。

アメリカでは一部の「否定屋」は、右翼団体もしくは業界団体から金銭を受け取って（直接もしくは保守系シンクタンク経由で）いる。日本の受動喫煙を否定する人たちが、見返りとしてお金をもらっているかどうかは知らない（週刊誌が調べたら面白いネタだろう）。しかし、まさか、何の利害もなくあんなデタラメを言う人が本当にいるとは、考え難い。「否定屋（特に文系の）」には専門性がないため、おそらくタバコ業界（大手広告代理店経由か）が用意した論点を暗記して、ロボットのようにそれを復唱しているのだろう（あくまでも憶測だが）。

受動喫煙の健康リスクを認めない「否定屋」は「タバコの煙が危険なものだとは『証明』されていない」「タバコは危ないと決めつける前に、もっと研究が必要だ」などと主張する。この調子で「否定屋」は時間稼ぎをするのだ。

私は本書において、そんな「否定屋」を、そして否定屋の台本を書くタバコ業界の「疑問の商人」となる広告代理店らを、厳しく非難したい。私にとって非難の真のターゲットは、タバコ業界の広告代理店だ。「否定屋」は、彼らに踊らされているにすぎない。よって本書では個別の「否定屋」を名指しして批判することは避け、彼らのデタラメな言い分を徹底論破することで、タバコ業界の欺瞞を明らかにしたい。

擁護派の論点とは

『Merchants of Doubt』で描かれる「否定屋」は、日本にも一部存在する。例えば「早死にしたくなければ、タバコはやめないほうがいい」というトンデモ議論もあり、テレビではコメンテーターが受動喫煙の危険性を平気で否定する場面も少なくない。やりこめてもまた別のところで出てくる。まるでモグラ叩きのようだ。

簡単に喫煙推進派の論点を紹介しよう。(3)(4)については、私のコメントを簡潔に加えた。

(1)疫学の基本は統計学的データ分析だが、喫煙推進派は根拠を示さぬまま、統計学的な死因の解析研究を全否定する。例えば、こんなふうだ。ある人の夫はヘビースモーカーだったが妻は九〇歳まで生きた。だから受動喫煙は全く問題ない、と。
（2）タバコの煙がどのようにガンを誘発するかはまだ完全に解明されていないので、このメカニズムが明らかにされるまで、規制強化すべきではない、と言う。
（3）禁煙ではなく、「分煙」で十分だ、と主張する。だが実際にはほとんどの場合「分煙」は形だけのもので、粉塵濃度がほとんど減っていないことは周知の事実だが、そのことには触れない。
（4）日本国憲法の幸福追求権が規制に反対する根拠だと彼らは言う。確かに一九七〇年に喫煙の権利を支持する最高裁の判決が出たが、当時は受動喫煙の危険性はほとんど解明されていなかった。時代遅れの議論でしかない。
（5）科学的データの都合の良いものだけを取り上げ、事実を歪め、間違った説明をする。
さらに喫煙推進派は、受動喫煙に対する厳しい規制の採択をあの手この手で遅らせようとする。

彼ら喫煙推進派が出演するテレビ局には、ＪＴだけでなく、関連会社のコマーシャルが長年にわたって流されており、多額の広告料が注ぎ込まれてきた。元ＪＴのグループ企業であるジャパンビバレッジ（現在はサントリーグループ）も、ドリンクのコマーシャルをよく流している。こういった関連企業のスポンサー料も、禁煙の動きを牽制する暗黙の口止め料になってきた。

東京電力福島第一原子力発電所の事故が起きて以降、東電や原発がメディアに巨額のスポンサー料を払ってきたことが批判されるようになった。メディアは彼らからCMや広告料をもらいたいがゆえに、原発に危険性があっても強くは批判できない。反原発の意見がほとんどメディアに流れない中、あの恐るべき原発事故が起きてしまった。

「東京電力フォ～ユ～～」というコマーシャルを見たからといって、これまで東京電力を使っていなかった一般の視聴者が、突然使い始めることはないだろう。ではなぜ東電は高いおカネを払ってコマーシャルを流すのか。あれはメディアに対する「暗黙の口止め料」であり、要するに「今後も原発問題についてはお手柔らかに報道してくださいね」と言っているに等しい。

タバコ問題も、その構造は全く同じだと思う。ＪＴや関連する会社が巨額のスポンサー料を出しているから、メディアはなかなか思い切って受動喫煙の被害を指摘できない。そうこうするうちに、非喫煙者は深刻な健康被害をこうむっていくのだ。

さらに言えば、原発問題やタバコ問題は、本書の第1章で詳しく触れた地震予知の問題とも似ていると思う。政府はいわゆる「東海地震」や「南海トラフ巨大地震」発生の可能性について非科学的なキャンペーンを張り、理不尽な未来予想図にかたくなにこだわってきた。「否定屋」が張る論陣はどう考えてもおかしいのに、既得権益がガチガチに固まってしまっているため、政府は誤った政策を軌道修正できない。こういう愚かな政策によって、最も被害をこうむるのは、一般国民なのだ。

責任は政治にあると言えよう。安倍総理は「国民の生命と財産を守るため最善を尽くして参ります」とよく繰り返す。これには誰でも賛同するはずだ。しかしながら、受動喫煙問題の本質は「国民の生命を守るか」「タバコ業界の財産を守るか」という二者択一だ。残念ながら安倍政権は「タバコ業界の財産」を選んだ。このために毎年一万五〇〇〇人が死んでゆく。このような結果を招いたのは、総理と政府の不作為だ。その法的評価は難しいかもしれないが、道義的に業務上過失致死に相当するとまで考えられるのではないか。もし今すぐに思い切った受動喫煙対策を取ったとしても、目に見える成果（死亡者数減）が表れるまでには一〇年以上かかるだろう。一刻も早く、取り組まねばならない。

問題は不作為だけではない。二〇一八年六月一五日、自民党の穴見陽一・衆院議員が、受動喫煙対策が議論された衆院厚生労働委員会で、参考人として招かれた肺ガン患者に対して「いいかげんにしろ」とやじを飛ばしたことは記憶に新しいだろう。批判を受けて穴見氏は後で謝罪したが、これで問題が「済」になったとは考え難い。これが、国民を代表する議員のタバコの被害に対する見識の低さで、日本でタバコの害の規制がなかなか進まない大きな理由の一つなのだ。一朝一夕に変わるものではない。

常識がある国ならば、毎年一万五〇〇〇人の死亡者を出す政府の方策に対して、野党はこれを選挙の一つの争点にするはずだ。だが野党は消極的なようだ。野党議員の中にもスモーカーがいるためだろうか。

繰り返すが、受動喫煙によって、不必要に毎年一万五〇〇〇人が殺され続けている。だが、政治も行政もマスメディアも傍観している。これは本当に日本の恥だ。

ニューヨークの「タバコ・インスティテュート」

私の父（一九八五年に死去）と母（二〇一八年現在も存命）は二人とも公認会計士で、ニューヨーク市で事務所を構えていた。父は弁護士の資格も持っており、法律家としては、主に税法や遺言書の仕事を手がけていたようだ。

両親が働くニューヨークのマディソン・アベニューのオフィスビルに「Tobacco Institute」（タバコ・インスティテュート）というタバコ業界団体（一九五八年創設、一九九八年解散）の事務所も入っていたことを、今でもよく覚えている。子どもの頃「Tobacco Institute」という看板を見ても、どういう団体で何をやっている組織なのかは全然知らなかった。

後でわかったのは、「Tobacco Institute」はタバコ業界の「疑問の商人」の組織だということだ。つまり彼らはタバコ規制に対して、徹底的に抵抗する勢力を束ねた業界団体だった。口八丁手八丁で、喫煙規制派の言うことにどんどん疑問を投げかけることにより、タバコを規制する対策の先延ばしを図るのだ。

「Tobacco Institute」はおカネをたくさん払い、研究が行き詰まった物理学者や化学者をかき集めていた。そして「タバコの危険性はまだ証明されていない」「対策をとるためにまだまだ研究するべきだ」「結論が出るまで待ちましょう」と訴えまくるのだ。

面白いことに、「Tobacco Institute」が利用していた「否定屋」の一部は、今、地球温暖化を否定する側にも加担している。アメリカには「温暖化はまだ証明されていない」と訴える右翼プロパガンダ団体「Heartland Institute」（ハートランド・インスティテュート）がある。彼らは喫煙規制だけでなく、地球温暖化も同じように否定するのだ。

先ほど触れた著作『Merchants of Doubt』では、「Tobacco Institute」や「Heartland Institute」のような団体、そして彼らのお抱え否定屋の特徴についてわかりやすく説明されている。地球温暖化やオゾン層破壊の問題、喫煙の問題に疑問を投げかけている人々は、基本的に同じような集団であるというのだ。

日本の「否定屋」も同じように、喫煙規制の強化に反対し、地球温暖化はまだ証明されていないとする。洋の東西を問わず共通するようで、興味深い。

タバコのパッケージに書かれる警告文

誰かがテレビや新聞でデタラメを言っても、「言論・表現の自由」「個人のオピニオン」と逃げられる。すべてのオピニオンは、右であろうが左であろうが平等だ。科学的根拠がバッチリそろったオピニオンであろうが、科学的根拠が薄いオピニオンであろうが、「Aさんはこう言う」「Bさんはこう言う」と対等に扱われる。

アメリカでも日本でも、マスメディアは「言論・表現の自由」「個人のオピニオン」というお題目のもと、いい加減な言説を修正せず流す、無責任主義がまかり通っている。

こういったジャーナリズムのスタイルは、英語圏では「He said, she said.」（夫婦ケンカにたとえて、「彼は言った、彼女は言った」。両者の言い分を対等に扱う）と表現する。夫婦ゲンカを仲裁するときに、レフェリーは夫の意見と妻の意見を両方聴かなければならない。

だが、たいてい夫婦ゲンカは勝ち負けがつかずウヤムヤに終わるものだ。テレビのワイドショーや情報番組も同様で、言いたいことだけ言い放っておしまいだ。結論は出ない。誰が聞いても片方がデタラメを言っているとわかっていても、誰かが「この議論は終わり。勝負アリだ」と軍配を上げなければ、議論は終わらない。軍配を上げなければ、言いたい放題はいつまでも続く。だから夫婦ゲンカレベルの話題で、ワイドショーが何週間ももつのだ。

日本のマスメディアでは「タバコは深刻な健康被害をもたらす」という意見は、なかなかおおっぴらには流れない。先述したように、ＪＴとタバコ業者が四〇～五〇年もずっと抵抗しているからだ。現在に至っても、氷河期にあるテレビ業界にとってＣＭ収入（関連するビバレッジ子会社からのＣＭを含めて）は大きく、これがマスメディアの口をつぐませる要因なのだろう。

欧州諸国やオーストラリアでは、タバコの販売自体は合法だが、タバコの広告を新聞やテレビで流すことは違法とされる。しかし日本では、タバコの広告を流すのは合法だ。外国に出かけると、タバコのパッケージにホラー映画まがいのオドロオドロしい写真が載っているから驚く。タバコの毒性が極めて高いことを、誰の目にもわかるように明示しているのだ。日本のタバコにも小さな警告文は入っているものの、海外のタバコに比べると警告文はまだまだおとなしい。

喫煙規制に舵を切ったアメリカ

実はほんの短い期間だが、私はアメリカで大学生だった頃（そして来日したばかりの短期間にも）、一時期タバコを吸ったことがある（幸い、チェーンスモーカーにはならずに終わったが）。

一九八四年に来日した頃は、新幹線に乗ると禁煙車はたった一車両しかなかった。あとは全部喫煙車だった。それはアメリカも同様だった。飛行機では喫煙席と禁煙席が一応別々にされていたものの、機内全体に煙が充満しているからほとんど意味がなかった。レストランでもみんな平気でタバコを吸っていた。そんな優雅な時代は終わり、現在のアメリカでは公共の場所での喫煙が原則として禁止されている。

たしかあれは、私が一二歳だった一九六四年のことだと思う。アメリカ政府の衛生担当者が「肺ガンと喫煙の因果関係は明らかだ」というレポートを発表した。タバコメーカーは強く抵抗したものの、政府の報告書に確固たる科学的根拠があり認めざるを得なかった。某「Tobacco Institute」が猛抗議したが、効かなかった。そして、アメリカにおけるタバコ規制は急速に進んだ。

遅まきながら、日本も緩やかにタバコ規制へ向かいつつある。タバコ推進派にとっては、どれだけ規制を遅らせるかの勝負なのだろう。規制の遅れ方によって、タバコ会社が得る利益の金額はケタが異なってくる。

タバコ以外の業界でも、似たような事例がある。昔から人間はアルコールを好み、酒の飲みすぎが社会問題となってきた。だが、アルコールを飲むのを人間にやめさせることは、おそらくできない。

一九二〇年、アメリカでアルコールの製造・販売・運搬から輸出入まで全面禁止する禁酒法ができた。結果はどうだったか。マフィアが酒を闇販売し、酒の流通量は禁酒法成立前よりも増えてしまった。禁酒法はマフィアをボロ儲けさせるだけの結果となり、一九三三年に廃止されている。

とはいえアルコールをどこまで規制すべきかは、タバコをめぐる議論とは様相が異なると思う。酒を飲みすぎれば、深刻な病気にかかって本人が一番苦しむ。アルコールのせいで仕事をクビになれば、家族も被害を受けるかもしれない。だが飲酒運転でもしない限り、酒のせいで家族以外の第三者に危害を加える心配はほぼない。この点において、受動喫煙とだいぶ違う。

タバコのＣＭをテレビで流し、新聞や雑誌に広告をガンガン流し、映画やドラマでトップスターがタバコをふかす。イメージに踊らされた若い人々が新たな喫煙者になれば、タバコ業界は大きな利益を得る。だが受動喫煙により家族や赤ん坊をはじめ、周りの人々は健康被害を受け、結果としてタバコ業界よりケタ違いに広範囲である国民全体を巻き添えにしてしまう。

タバコの吸いすぎは、本人だけの問題ではないのだ。

タバコ業界とファストフード業界の共通点

似たような話は、ファストフード業界にもみられる。山盛りのフライドポテトと巨大なハンバーガーを食べ、ビールのピッチャーのような容器で大量のコカ・コーラを飲む。こんな食生活が健康に良いわけがない。このような食べ物を人々に売りまくれば利益になるから、ファストフード業界は健康に悪い食品であってもこぞって販売する。

民主主義は本来、人々の生命・財産・安全を守るべきシステムだ。なのにどういうわけか、民主主義は人々を健康被害から守りきれていない。業界は利益を上げることを優先し、国民に健康被害を与えることをやめようとしないのだ。

皮肉なことに、ファストフードやタバコによって生活習慣病の人が増えれば、医療費がかかり医者も薬剤メーカーも儲かる。さらに皮肉なことを言えば、健康的な生活をみんなが送るようになれば、日本経済は崩壊してしまうかもしれない。少なくとも糖尿病の専門医は半減し、医療費と薬剤費は激減し、いくつかの業界は壊滅的なダメージをこうむるだろう。だが幸いにも、医師会や医学関連の学会は目先の利益を無視して、喫煙規制の強化を支持する。また、他の望ましくない生活習慣についても、きちんと注意を喚起している。

医療費が安く済めば、浮いた分を年金や介護保険に回せる。ファストフードやタバコの問題は、将来の年金問題、健康問題に確実に関わってくる。だからこそ政府は、反対勢力を押し切って思い切った施策をとってほしい。お金の問題はもちろん大切だが、生活の質の向上こそが、真に向き合うべき課題だ。ファストフードやタバコ、アルコールの問題を制御できるならば平均寿命も延びるし、生活の質もよくなる。健康長寿を目指そうではないか！

受動喫煙対策の提案

二〇一五年六月三〇日に閣議決定された日本政府の「骨太の方針」には、次のように書かれている。

〈(インセンティブ改革) 全ての国民が自らがんを含む生活習慣病を中心とした疾病の予防、合併症予防を含む重症化予防、介護予防、後発医薬品の使用や適切な受療行動をとること等を目指し、特定健診やがん検診の受診率向上に取り組みつつ、個人や保険者の取組を促すインセンティブのある仕組みを構築することが重要である。〉

〈「がん対策加速化プラン」を年内をめどに策定し、がん対策の取組を一層推進する。〉

生活習慣病の予防という文言が「骨太の方針」に盛り込まれたのは、これが初めてなのだそうだ。タバコと三大疾病(ガン、心疾患、脳卒中)、生活習慣病との因果関係は明らかなのだから、日本政府はさらに思い切って踏み込んだ健康対策を推進してほしい。

理想は受動喫煙を一発でゼロにすることだが、現実的にはそれは不可能だ。だが暫定的に対策をとり続け、段階を経て徐々に受動喫煙をゼロに近づけていくことは十分できる。

受動喫煙をなくすために、まずはタバコの広告出稿を全面禁止にするというのを提案したい。タバコの販売をいきなり全面禁止にするのは難しいだろうから、まずはタバコをタバコ店やコンビニエンスストアの店頭の目立つ場所に陳列するのをやめ、お店のカウンターの下など、目立たないところにしか置けないようにすればいい。

タバコに関する広告や看板は何も立てず、「タバコをください」と言ってきた人だけに売る。宣伝はできるだけ許可しない。こういう形であれば、タバコ販売を最小限に規制できる。もちろん自動販売機の設置などもってのほかだ。

また喫煙室は、公共圏から一〇〇メートル以上離れた場所に設けなければならないようにする。喫煙ルームやボックスを設置するためのコストは、喫煙者だけが払うべきだ。非喫煙者にまで、そのような設備のコストを負担させるべきではない。だから喫煙ルームやボックスに入るにあたり、例えば一〇〇円の入場料を払わせるようにすればいい。それを払いたくなければ、タバコをやめればいいだけの話だ。

新幹線のホームに設置されている喫煙ボックスは、人々が行き交うホームのど真ん中に設置されていることが多い。これでは喫煙ボックスのドアが開いたとき、その周りにいた人は煙を浴びてしまう。洋服にタバコの粉塵が付けば、非喫煙者の健康被害に直結する。

新幹線のホームや駅構内に喫煙コーナーを置くのであれば、敷地の一番隅っこに追いやってしまおう。これは今すぐにやるべき第一段階の施策だ。

「喫煙後四五分はエレベーター使用禁止」という英断

今行われている分煙対策は、受動喫煙を防ぐための効果があまりにも薄すぎる。喫煙所やボックスでタバコを吸った人が外に出てくると一緒に煙が漏れ出すし、粉塵は洋服にも付く。喫煙したばかりの人に接近すれば、非喫煙者にまでニコチンが付着してしまうのは明らかだ。

そんな中、思い切った分煙対策に踏み出す画期的な自治体が現れた。二〇一八年四月から、奈良県生駒市が「喫煙後四五分間はエレベーターに乗ることを禁止」というルールを打ち出した。

五階建ての生駒市役所には、地下に喫煙所がある。タバコを吸った後、もしエレベータで自分の部署のある階まで戻る場合、タバコ臭い呼気や粉塵によって他の職員や市役所への来訪者が健康被害を受ける。だからタバコを吸った直後の職員はエレベーターを使うなというわけだ。

生駒市の取り組みはこれだけではない。二〇一八年六月から、生駒駅周辺は条例によって「歩きたばこ等禁止区域」に指定された。駅周辺で路上喫煙をする人からは、二万円という高額の罰金を徴収することもあるという。

シンガポールでは、屋内全面禁煙という厳しいルールが課されている。駅やショッピングモールの周辺には、屋外の一部に限りわずかな喫煙スペースが設けられている。

この喫煙所以外でタバコを吸ったり、タバコをポイ捨てしたりする人には、最高八万円もの罰金が科される。しかも二回目以降は、罰金は二倍の最高一六万円まで引き上げられるのだ。一〇〇〇円や二〇〇〇円の罰金を科せられたところで、大きな痛みはない。生駒市の条例にならい、せめて駐車違反の罰金並みに路上喫煙の罰金を上げるべきだ。

生駒市だけでなく、民間企業でもタバコ規制が自主的に始まった。例えば二〇一七年一二月から、「ガスト」「バーミヤン」「ジョナサン」などのファミリーレストラン、「夢庵」「藍屋」などの和食店を展開する「すかいらーくグループ」が、本社を全面禁煙化した。さらに勤務時間中だけでなく、通勤中の歩きタバコまでも禁止するという徹底ぶりだ。「厳しすぎる」との意見もあろうが、飲食業に従事する人たちがプカプカタバコを吸うのはイメージもよろしくない。そもそも、勤務時間中に仕事をサボってタバコを吸うのはいかがなものか。ここまで厳しい規制を受け、周りの人から白い目で見られれば、「すかいらーくグループ」に勤める喫煙者は次第にタバコを吸うのが嫌になるだろう。

二〇一八年六月から、都内を中心に一八〇店舗以上を展開する「串カツ田中」が全席禁煙化を実現した。一階と二階に店舗が分かれている場合は、喫煙スペースを明確に分けて分煙することに決めた。

「串カツ田中」は安くておいしいため、子ども連れのママたちがグループで来店する。乳幼児を抱えたお母さんや小さな子どもが受動喫煙にさらされるのは、あまりに暴力的だ。全席禁煙化によって「串カツ田中」への来店者が減り、売上が一時的に減る可能性もあるが、かわりに「タバコ臭くないあの店に行こう」という新しい客が増えることだろう。

私も東京大学に勤めていた頃、教授会でエレベーターの受動喫煙問題をうるさく主張してきたが、大学の事務系職員に喫煙者がいたため、強く抵抗されたものだ。

最終的に、屋外の喫煙スペースをできる限り小さく制限し、大勢の人が一度にタバコを吸えないようにすることで落ち着いた。決して完全解ではなかったが、ある程度改善があったといえるだろう。

東京からロンドンまでのフライトで一三～一四時間もタバコを吸わずに我慢できるのならば、勤務時間中一本もタバコを吸わなくてもやっていける。そもそも勤務中にタバコを吸って仕事をサボるのは、給与泥棒ではないか。

密閉空間となるタクシー内での喫煙はすでに違法とされていたので、後はタクシードライバーに禁煙を徹底指導するとよい。

このようにして徐々にハードルを上げ、新しい喫煙者が誰も生まれない状況が長く続けば、喫煙者の人数は右肩下がりになり、結果的に受動喫煙をなくせるに違いない。

一箱一五〇〇円に値上げすれば喫煙者は確実に減らせる

二〇一八年の税制改正で、たばこ税が八年ぶりに上がることが決まった。これにより二〇二〇年、二一年と段階を経て一箱あたり六〇円の増税となり、タバコは一箱五〇〇円を超える。これでもまだ十分ではない。

二〇一七年八月、アメリカのニューヨーク市議会はタバコの最低価格を一箱一〇ドル五〇セント（一一七〇円）から一三ドル（一四四八円）に値上げすることを決めた。二〇一八年六月から値上がりが始まり、ニューヨーク市は全米で最もタバコが高い都市となった。一箱一五〇〇円になれば、毎日一箱、二箱とタバコを吸うヘビースモーカーはさすがに躊躇するだろう。日本もアメリカ式の値上げを段階的に進めればいい。

仮に一箱一五〇〇円ともなれば、三五〇ミリリットル入り缶ビール六本分以上だ。ワンコインランチであれば三食も食べられる。増税分のおカネは、支出が増大して困っている社会保障に回せばいい。

空港の免税店でタバコを置くのは即刻やめさせるべきだ。観光客を見ていると、免税店で嬉々としてタバコをカートン買いして持ち帰る者が多い。「空港に行けば安くタバコを買える」と喫煙者の購買欲を煽るのは、商業主義者の罪深い振る舞いだ。

さらに希望を言うならば、ACジャパン（旧公共広告機構）は受動喫煙のネガティブ・キャンペーンを始めてほしい。タバコの健康被害を人々に伝えるCMや広告を、ACジャパンがどんどん流すのだ。映画やドラマで活躍する女優が「タバコを吸う男は嫌いだ」としかめっ面をし、男優も「タバコを吸う女は近寄らないでくれ」と言えばいい。

テレビ局や新聞社は、タバコの健康リスクを否定する間違った議論を流さないように、ファクト・チェックを厳しくかける必要がある。例えばJTなり某広告代理店の息がかかった「否定屋」の宣伝をコッソリ流した場合、罰金の対象にしたっていい。受動喫煙をやめさせるために、それくらい思い切ったことを始めるべきだ。

「電子タバコに健康被害はない」というウソ

紙巻きタバコに替わって、このところ全世界的に加熱式タバコが大流行している。フィリップモリスジャパンが二〇一五年九月に発売した電子タバコのＩＱＯＳ（アイコス）は、日本でも大ヒットした。

ＩＱＯＳが発する煙は比較的気にならず臭わないが、あれにもニコチンの成分は確実に含まれている。カリフォルニア大学サンフランシスコ校の研究成果に裏付けられていることだが、ＩＱＯＳにも発がん物質など有害成分が含まれているため、健康被害が起こらないとは言えないのだ。だから私は紙巻きタバコと同様に反対だ。アメリカ政府はＩＱＯＳの規制を厳しく行っているが、日本は甘い。きちんとした審査を経ることなく、緩い審査で認可してしまった。

医療の分野では近年「evidence-based medicine」（証拠に基づく医療）という言葉がよく語られる。治療や薬剤が本当に有力であるかどうかを、客観的に検証しなければ認めないのだ。「evidence-based medicine」という言葉に対する皮肉として「revenue-based medicine」（収入に基づく医療）という言葉も語られる。収入を得るために、なりふり構わず効果がない治療を行う。客観的な検証を経ずに、いきなり手術や治療に入る。そして健康保険が利かない高額医療費を患者からかすめ取るのだ。

ワラにもすがる思いの重症患者は、こうした悪徳な民間療法に高いおカネを払ってしまう。本当に効果があるかどうか患者が疑問を覚えようと、悪徳業者の知ったことではない。「たとえ気休めのプラシーボ（偽薬）効果しかなくても、患者が精神的に満足すればそれでいい」とたかをくくっているのだ。

ＩＱＯＳを売りさばく業者にも、「revenue-based medicine」に通ずる悪辣さを感じる。

喫煙者に課せられた命がけの「パラシュート・テスト」

「evidence-based medicine」（証拠に基づく医療）を確実なものにするためには、医師は治験者による臨床実験を行わなくてはならない。臨床実験の対象となる患者グループのうち、無作為に（担当医者にも情報を提供しない）半分の治験者には薬を飲んで効果を調べる。もう半分の治験者には、薬に見せかけたプラシーボを飲んでもらったり、実は薬が入っていない点滴をしたりする。

もしも二番目のグループの患者が「体調が良くなった」「病気が治った」と感じたとすれば、それは薬による効果ではなく、ただのプラシーボ効果となる。

そして治験の結果、患者の身に何が起きたのかを確かめれば、新薬として認めるべきかどうかがエビデンス（証拠）としてわかる。実験台になる治験者にとってはリスクが生じるが、医療を進歩させるため、同意のうえで協力してもらう。こういう治験を繰り返すことが、「証拠に基づく医療（evidence-based medicine）」の基本だ。

例えば飛行機から飛び降りた人の半分には本物のパラシュートを装着させて、もう半分の人にはデタラメのパラシュートをくっつけるとしよう。当然のことながら、使えるパラシュートを持っていない半分の人は墜落死する。「パラシュート・テスト」は命がけだ。「evidence-based medicine」に取り組む医師たちは、当然のことながら治験者が命を失うリスクがあるテストは行わない。まずはネズミやウサギなどさまざまな動物を実験台にしてテストし、次第に大型の動物へと実験台をステップアップさせていく。「この薬はもうほとんど安全と言い切っていいだろう」という治験の最終段階になって、ようやく人間が実験台として登場する。

しかし恐るべきことに、JTやタバコ業界はタバコがもたらす健康被害を正直に認めようとはせず、嗜好品としてもてはやし、どんどん売りつけようとする。彼らはいわば無責任な「パラシュート・テスト」をやっているに等しいのだ。

彼らは「喫煙とガンや心疾患、脳卒中との因果関係はない。タバコを吸うからといって、生活習慣病を引き起こすとは限らない。デタラメを言うな」と主張し、タバコの健康被害を認めないのだ。

タバコによって、日本で毎年一万五〇〇〇人もの人々が死亡しているという衝撃的な推計について、先ほど紹介した。医療機関がタバコを日常的に吸うグループと、全く吸わないグループを分けて統計を取れば、前者により多くの健康被害が起きることは間違いないだろう。そんな極めて危険な「パラシュート・テスト」がやれるわけがないとわかっているから、彼らは「タバコは安全な嗜好品だ」と強弁するわけだ。実にタチが悪い。

新たな喫煙者を増やさないためのハードル

極論に聞こえるかもしれないが、人命を守るためにあえて思い切った提案をしたい。どうしてもタバコを吸いたい人は、医師から処方箋をもらわなければいけないように法改正してはどうだろう。タバコを薬剤と見なして、厚生労働省が規制するのだ。

薬剤には駅前のドラッグストアやコンビニでオープンに販売していいものと、医師の処方箋が必要なものとがある。段階を経ながら、少しずつ規制していってはどうか。

覚醒剤の使用や売買は違法だ。だから覚醒剤の売人や中毒者は、警察に見つかれば逮捕される。ところがタバコを吸う人や売る人に対して、政府は「税金を支払うならどうぞどうぞ」と喜んで奨励する。これは「国民の生命と財産を守るため最善を尽くして参ります」と訴える政府の、深刻な矛盾ではないか。日本政府は、カネになるものなら何でも手を出すように見える。二〇一八年七月に多数の反対の声を押し切って採決したカジノ法

（カジノを含む統合型リゾート〔ＩＲ〕実施法）しかりだ。日本政府はあまりにもふざけている。もっとも、そのふざけた政治屋を選んだのは、日本国民自身だが。

今現在タバコを吸っている人は、すでにニコチン中毒にかかっているわけだから「お気の毒です」としか言いようがない。私たち大人がやらなければならない義務は、子どもたちや若者を「新たな中毒者」にさせないことだ。

繰り返しになるが、一日も早くタバコのコマーシャルや看板、自動販売機をこの世からすべてなくさなければならない。同時に、タバコに反対する宣伝を広めるのだ。

今現在ニコチン中毒になっている人には、タバコをやめたら生命保険の掛け金を安くするとか、経済的インセンティブ（動機づけ）によって喫煙をやめさせる方向に誘導することも考えられる。

こういった方策は、いささか乱暴すぎると言われるかもしれない。だが、事は人命に関わるのだ。タバコ規制については、「やりすぎ」と批判を浴びるくらい思い切った施策で一気に進めたほうがいい。病気になる人が減り、健康で長生きできる人が増えるのだから、結果オーライではないか。

『トム・ソーヤーの冒険』の作家マーク・トウェインが放った痛烈な皮肉

日本の喫煙事情は、オーストラリアやアメリカと比べるとかなり遅れている。一〇〇年待たなければならないのか。それとも東京オリンピックをピークとして、二〜三年でドラスティックに変化するのか。喫煙者ゼロ社会の実現へ向けて、今こそ思い切った施策に総がかりで取り組まなければならない。

タバコが国民の健康をひどく圧迫しているから規制すべきだということを、政治家が選挙運動のスローガンに掲げるのもいい。そうすれば、二六〇人もの所属者を有する「自民党たばこ議員連盟」を擁する与党・自民党との差別化を図れる。

自民党の議員に喫煙者が多いこともあるが、非喫煙者の議員であっても、スモーカーの有権者を敵に回したくないからタバコを規制しづらいわけだ。そんな議員の声が多数派を占める現状を打破するため、このような利益集団をみんなで攻撃すればいい。

『トム・ソーヤーの冒険』を書いたアメリカの作家マーク・トウェインは、「Sometimes an innocent man is sent to the Legislature.」（無罪の人間がときどき州議会に送られる）と皮肉を言った。これは「Sometimes an innocent man is sent to the gallows.」（gallows= 絞首刑台）

にかけた表現だ。元の言い回しは、たまに無罪者が処刑されることもある、という残念な事実を表す。一方でマーク・トウェインの皮肉は、ほとんどの州議会議員は腐敗し切っているが、たまに悪くない奴もいる、という意味である。

イギリスの歴史の中ではシェイクスピアが、アメリカの歴史の中ではマーク・トウェインが最も偉大な作家として尊敬されている。そういったいわば国民的作家が、議員バッジを付けている人間に対してここまで痛烈な皮肉を放ったのだ。

民主主義のメリットは、おかしな政策を平気で実行する議員や、賄賂をもらったり不正を働く議員を追い出すことができる点だ。地方議会や国会に「悪人」が入ってきたときには、次の選挙で追い出せばいい。

「Throw the rascals out.」（悪いヤツを追い出せ）。これはよく使われる選挙スローガンだ。このスローガンをもじって「Throw the rascals in.」（悪いヤツを当選させろ）と言う人もいる。これは「悪いヤツ」を自称する候補者が有権者の関心を引くためスローガンとして使用したり、また有権者が意図的に「悪いヤツを当選させた」としか思えないような選挙結果の事例に対して使ったりする、皮肉がこめられた表現だ。

喫煙推進派の議員にネガティブ・キャンペーンを張り、喫煙規制派の議員を応援する。これからの日本で「タバコ」をマニフェストに掲げる選挙運動があってもいいと思う。人間の健康被害に直結する喫煙は、最優先に掲げてもいい政治のビッグ・イシューと位置付けるべきと考える。

第4章

「使えない」英語教育

なぜ日本の英語教育は使いものにならない？

言語教育の基本は、当然のことながら第一言語である国語から始まる。日本語（国語）を自在に使いこなすことができない段階で、あわてて外国語を学び始めるべきではない。日本人ならまず日本語をしっかりマスターし、アメリカ人ならば英語をしっかりマスターしてから、第一外国語（第二言語）、第二外国語（第三言語）を学び始める。これが言語教育の基本だ。

後ほど詳しく説明するが、母語に加えて第一外国語を学ぶときには「読む・書く・話す・聞く・文法」をバランス良く勉強しなければならない。加えて、入門段階を超えたら、学んでいる外国語の文化的背景もある程度理解する必要がある。

民間の英会話学校などでよくあるように、手っ取り早く外国語をマスターとしようとして「読む・書く」を省略したり、文法をおろそかにしたりすると、おかしな外国語を中途半端に習得するだけに終わってしまう。また、日本の学校教育のように、「話す・聞く」にほとんど重きを置かないと、これもまた中途半端に勉強するだけになり、「使える英語」は身に付かない。これでは「日本の英語教育は失敗している」と言われても仕方ない。

英語コンプレックスにとらわれた日本の大人たちは、中学校や高校の効果が望めない英語教育を是正しようとはせず、早期教育に踏み切った。これまで小学五、六年生は、週一回のペースで「外国語活動」と称して英語を学んできた。改訂版の新学習指導要領では、小学五、六年生の「外国語活動」は算数や理科と同じ「教科」へと格上げされる。そして英語の授業は、週一回から週二回へと増える。

さらに、週一回の「外国語活動」は小学三、四年生からスタートするようになる。新学習指導要領に基づく新しい英語教育は、二〇一八年度からすでに一部で試験的に始まった。二〇二〇年度からは、すべての公立小学校で英語教育が始まる。

この流れはエスカレートし、幼稚園や保育園でも英語を教え、乳幼児の段階から英語の教材を家庭で使っている親までいる。問題は、日本語習得が中途半端な状態で、不完全な英語教育をチャンポンにしている点だ。早すぎる段階で英語教育を施すことは、子どもの頭脳が混乱をきたし、きちんとした日本語も英語も身に付かない。

そして、何よりも強調したいのが、先述したように日本の英語教育の内容に大いに問題があるということだ。これではいくら早期教育を行っても、使える英語は身に付かない。「読む・書く・話す・聞く・文法」のバランスが外国語教育の基本なのだ。

外国人旅行者四〇〇〇万人時代の日本

このところ、日本を訪れるインバウンド（外国人旅行者）の数は激増している。

二〇一〇年　八六一万人
二〇一一年　六二二万人
二〇一二年　八三六万人
二〇一三年　一〇三六万人
二〇一四年　一三四一万人
二〇一五年　一九七四万人
二〇一六年　二四〇四万人
二〇一七年　二八六九万人

東日本大震災が起きた二〇一一年には、訪日外国人の数はガクンと減った。「地震と原発事故を恐れるインバウンドはしばらく回復しないのでは」という懸念もあったが、二〇一二年以降観光産業は確実に盛り返した。そしてまたたく間に年間来訪者は二〇〇〇万人を突破し、日本政府の予想よりも早く、インバウンド四〇〇〇万人時代が到来しようとしている。

ミナミ（大阪の大繁華街）を歩いてみても、ススキノ（札幌の大繁華街）を歩いてみても、日本人より外国人観光客のほうが多いくらいだ。インスタグラムの大ブームを受けて、「インスタ映え」するスポットを探し求める客も少なくない。古都・京都の嵐山あたりを訪ねてみれば、早朝から「インスタ映え」スポットは外国人だらけだ。

世界中から大勢の観光客がこぞって日本を訪れているにもかかわらず、日本人の外国語苦手意識は全く変わらないようだ。店員に話しかけてもタクシー運転手に話しかけても、英語で接客してもらえるのは稀だ。

しかし中には商魂たくましい才気ある店もある。そういう店では、英語・中国語・韓国語・日本語の四ヵ国語を使いこなしてバンバン商売をこなしている。そうやって精力的に商売をしていかなければ、せっかくインバウンドが年間四〇〇〇万人も日本に来てくれても、商機を逃すことになる。

学校で外国語教育につまずき、そのまま教育の仕方を修正できずにいると、その分国益を失う深刻な事態になるのだ。

「読む・書く・話す・聞く・文法」を叩き込め

アメリカ人の私から見ると、日本の保育園や幼稚園、小学校で行われている英語教育は滑稽なものでしかない。すべての言語は「読む・書く・話す・聞く・文法」を全部一緒にバランス良く学ぶべきなのに、彼らはいきなり英会話から入ろうとするのだ。

しかも、その内容ときたら、「This is a pen.」とか「I am a boy.」というような例文を先生が大真面目に読み上げ、みんなで唱和するといったもの。ペンを手に持っている人に「これはノートですか?」と尋ね、「いえ、これはペンです」と答えるといったシチュエーションを想定しているのだろうか。ペンは誰が見てもペンである。同様に半袖短パンで丸坊主のワンパク坊主から「僕は少年です」(I am a boy.)と英語で言われても「そうですか」としか言いようがない。もっとも、外国語入門の授業では、どの国でも最初の例文はこれと大して変わらない。だから一〇〇歩譲って外国語の初等教育が不自然なものになるのはある程度仕方ないにしても、もう少し実用的な内容にできないのか、と思わずにはいられない。

日本の英語教育の一つの天敵はカタカナだ。例えば「pen」と「ペン」、「boy」と

「ボーイ」の、英語とカタカナ表記では、発音はかなり異なる。英語の言葉は一つの音節なのに、カタカナ化された言葉には二つ以上の音節がある。しかも発音の違いはこれだけではないのだから。

正しい英語の発音を学ぶためには、まずカタカナ読みを一切英語教育から外すべきだ。発音を教えるアプリを、中学一年生から英語教育に使ってはどうだろうか。日本人が特に苦手とされる「r」と「l」の発音の違いを聞き取るためにも、英語を正しく話せるようになるためにも、導入を検討すべきだろう。例えば「long（長い）」と「wrong（誤っている）」を聞き分けられない英語学習者は多い。特に教える側の発音に難がある場合、学習者は最初のハードルで転んでいるようなものだ。

外国語教育より「愛国語教育」を

本章の冒頭でも少し触れたが、英語教育について議論されるとき、内容よりも、いかに早期から英語を学ばせるかということに重点が置かれすぎていないか。母国語もきちんと身に付いていないのに、いきなり外国語をというのは混乱するだろう。

後で述べるが、私はアメリカでの小学校時代、三年生まではまずはしっかり第一言語

(英語)を学び、四年生からフランス語を学んだ。それもきちんと「読む・書く・聞く・話す・文法」という基礎を叩き込まれた。ちなみにこれはエリート小学校特有のもので、当時も今も、通常のアメリカの小学生は外国語教育を受けない。

日本の公立教育では、みな外国語教育を受ける。これには良い面も悪い面もあると思う。その上で、私は小学校への外国語教育導入については、もっと真剣に考え、議論するべきだと思う。外国語教育を中途半端なものにしないためには、それ相応の費用も必要だし、小学校で英語を教えることができる教師についても相当の人数を確保しなければならない。

残念ながら、現実問題として全国の公立小学校でこれを実現するのは大変困難だ。だからこそ、小学校に英語教科を設けることは検討課題として残しつつ、まずは小学校での「日本語教育」を強化すべきだと思う。「外国語教育」よりも「愛国語教育」である。日本語の「読む・書く・話す・聞く・文法」を、きちんとバランス良く身に付けることだ。日本語の論理的構造は、子どもでも学べる。「読む・書く・話す・聞く・文法」をマスターすれば論理学の基盤ができあがるし、次の言語を学ぶ際に応用できる。

そのためには、読書は欠かせない。子どもにとっての一番の勉強は本をたくさん読むことだ。私の場合も、子どもの頃は本をとにかくたくさん読んだ。親が読書好きだったものだから、大人の本も子どもの本も、家にあった本を片っ端から手当たり次第に読んだものだ。読書の泉はスポンジのように柔軟な子どもたちの頭にグングン染み込んでいく。

私の子ども時代の地元紙はニューヨーク・タイムズで、私は毎日読んでいた。新聞は膨大な量の情報の宝庫だし、政治・経済・文化からスポーツ・芸能まで、幅広い話題が扱われる。日曜日のニューヨーク・タイムズはとりわけ分厚く読み応えがあった。家に新聞を常備し、子どもたちが自然な形で新聞を読める環境を整えるのも大人の責務だ。

小学校時代に私の受けた外国語教育

さて話が子ども時代のことに及んだので、ここで私がどのような外国語教育を受けたかを紹介しよう。

子どもの頃私はニューヨーク市の市立教育大学であるハンター・カレッジ（現在、ニューヨーク市立大学の一部）の付属エレメンタリースクール（小学校）（HCESと略す）に通っていた。市立だが厳しい入学試験があり、高い学力が求められる。小学三年生までは第二外国語は勉強せず、第一言語である英語（アメリカでは「国語」は法律で定められていない）教育をしっかり受けた。小学四年生になると、第一言語教育に加えて、第二言語（第一外国語）の授業が始まった。フランス語、ドイツ語、スペイン語のいずれかを外国語として選択する。ちなみに、私は普通より少し早く五歳で小学校に入学し、その後飛び級したので、七歳で小学四年生になった。第二次世界大戦が終了してから一四年経った当時でも、アメリカではまだドイツに対するアレルギーは強かった。そこで私はフランス語を選んだ。

小学校時代の外国語の授業は、今思い返しても有意義なものだった。「読む・書く・話す・聞く・文法」という基本をおろそかにせず、フランス語の基礎をしっかりと叩き込む。せいぜい小学生が勉強するレベルだから、もちろん難解な作品を原文で読んだり、フランス映画を字幕なしですいすい理解できたりするというところまではいかない。そこまでフランス語をマスターしたい人は、大学でさらに勉強すればいいだけのことだ。

小学生レベルのごく簡単なフランス語を習得するだけでも、のちのち役に立つ。「フランス語を話せない教師が、現場で通用しない意味のない会話レッスンを教える」という不毛な授業ではなかったおかげで、私は今でも簡単なフランス語（例えば飛行機の客室乗務員による機内案内など）をだいたい理解できる。

日本に来る直前の一九八一年夏、私はフランスでの国際測地学および地球物理学連合（ＩＵＧＧ）の数理地球物理学研究会に参加した。シンポジウムが終わった後、レンタカーを借りてピレネー山脈へドライブに出かけた。ホテルにチェックインするときに従業員とフランス語でしゃべり、レストランで料理を注文するときにも、小学校時代に学んだフランス語を使った。

フランスに行って一週間ほど経った頃から、小学校で学んだ記憶がだんだんよみがえってきたことをよく覚えている。小さい頃に「読む・書く・話す・聞く・文法」をきちんと学んだ経験は大きい。外国語の基盤を早期につくっておけば、大人になってからも思わぬ場面で役に立つ。

諸外国では、二つや三つの言語を使いこなすバイリンガル、トリリンガルが珍しくない。例えば香港では広東語と英語を二つ使いこなすのが当たり前で、大人になってから中国大陸でも英語圏でも手広く仕事をするのに役立つ。中には四ヵ国語以上の言語を使える「ポリリンガル」「マルチリンガル」もいる。

余談だが、アメリカのジョークを紹介しよう。二ヵ国語をしゃべる人をバイリンガルと呼ぶが、「一つの言語しか使えない人を何という?」と聞かれると、ほとんどの人は「モノリンガル」と答えるだろう。ところが「いや、それは違う。正解は『アメリカン』だ」と言うのだ。ジョークにはたいてい真実のネタが潜んでいる。このジョークの場合は、アメリカで外国語教育は軽視されているという事実がネタとなっているのだ。

本題に戻ると、日本の場合、少なくとも中学・高校の六年間は英語教育をしっかり受けているはずなのに、バイリンガルの数が極めて少ない。旅行で使うごく簡単な英語すらしゃべることができず、大人になってから「英語コンプレックス」でがんじがらめになる人が大半なのだ。これは日本の外国語教育がうまくいっていない、何よりの証ではないか。

わからない単語があったら文脈から類推すればいい

ここで日本の教育の特徴の一つである「詰め込み教育」、すなわちもっぱら暗記により知識を増やす教育について取り上げたい。この「詰め込み教育」は、とりわけ厳しい「お受験」が課せられる私立学校では、かなり高いレベルまで行われているようだ。一方で難関ではない私立校や公立学校では、そこまで厳しい詰め込み教育は行われないかもしれないが。

詰め込み教育を進めたとしても、人間の頭脳は無尽蔵に知識を蓄積できるわけではない。人間はコンピュータではないから、メモリ量にはどうしたって限界がある。そもそも、詰め込むだけではなく、詰め込んだ情報を思考過程に活かすことこそが、教育の真のゴールとなるべきだ。

すべての知識を記憶するのではなく、文脈から解答を類推するのも勉強のコツだ。「詰め込み学習」は「つらい勉強」かもしれないが、類推から解答を導き出すことは、単なる丸暗記とは違う「楽しくて面白い勉強」だと思えるのではないか。

そしてこの「文脈を読む能力」は言語の勉強を通して身に付けることができ、大人になってからも非常に役に立つ。

大学入試の英語では、ある文章を読んで設問に答えるというような典型的な問題がある。そこには受験生が知らない単語が出てくることもある。あるいは、頭が真っ白になって、知っているはずの単語の意味をド忘れすることもあるだろう。そのとき、もし文章全体の七~八割の単語の意味がわかっていれば、残りの知らない単語は文脈から推測するのだ。これも一つの能力だ。つまり、入学試験の外国語科目は、単なる「英語の試験」だけではなく、思考力を測る学力試験でもあるのだ。

「大学入試に出る英単語リスト」の参考書を、丸ごと一冊覚えなくても大学入試は勝ち抜くことはできる。日常会話の中で知らない言葉が出てきても、良い意味なのか悪い意味なのかだいたい推測がつくのと同じように、文脈さえ読めればいい。だからこそ、この「文脈を読む力」が大切なのである。

また、語彙を増やすのもコツがある。例をあげよう。「success」（成功）という名詞は和製英語にも取り入れられているから、そこを足がかりにして「successful」（成功した）

という形容詞や、「succeed」（成功する）という動詞など、派生語を次々と覚えてしまおう。こういう勉強法を使えば、ボキャブラリーを飛躍的に増やすことができる。

入試問題の作成者は「大学入試に出る英単語リスト」に重きを置きすぎないほうがよい。そのようなリストに引っ張られると、「高校ではこれ以外の英単語を教えなくていい」という考え方を誘発する。実際に英米で頻繁に使われている言葉の多くは、実は「大学入試に出る英単語リスト」にはない。学生が高校までにより幅広い単語を身に付けないことには、それこそ学校で英語教育を何年も受けたにもかかわらず使える英語が身に付いていないということになってしまうだろう。

勉強の仕方をちょっと変えるだけで、外国語習得のスピードは一気に上がる。外国語を学ぶ機会は、大人になってからも訪れる。本書を読んでいる読者が三〇代、四〇代、五〇代だからといって、勉強を再スタートするのに遅すぎることはない。不十分だった学校での外国語教育による遅れを挽回するため、今から勉強を始めればいいのだ。

言語を学ぶにはその国の文化的背景を学べ

言語を正しく身に付けるには、その国や地域の文化的背景を学ぶことが大切だ。それがわかって初めて、相手の言わんとしていることをようやく理解できることもよくある。

日本語には「なぞなぞ」がある。権力者を風刺するときにも、遠回しな表現や婉曲的な言い回しを使うことがあるが、英語でも同じことだ（もっとも日本のコメディアンやニュースキャスターは、権威・権力を風刺のネタにするほど、権力者に対して断固とした批判的立ち位置を取れていないようだが）。

フランシス・コッポラの映画『ゴッドファーザー』には、次のような有名なセリフがある。

「I don't want to see him [Paulie] again. Make that first thing on your list.」

このセリフを喋っているのはゴッドファーザーの長男で、相手はその部下だ。直訳すると「もう奴（ポーリー）を見たくない。このことを最優先しろよ」だ。でも本当の意味は「ポーリーを速やかに消せ」となる。

殺人を実行した後、部下が長男に報告する台詞も有名だ。

「Paulie, won't see him no more.」

直訳すると「もうポーリーを見ることはない」となるが、本当の意味は、「指示通りもうポーリーを消した」だ（念のため、正しい英語は「no more」ではなく、「any more」だ。だが、マフィアは刑法も文法も守らないものだ）。

脚本で一から一〇まで全部説明し、すべてが説明的でありすぎる映画はつまらない。わざわざ言語化しなくてもいい言葉は割愛されていて、置かれたシチュエーションから真の意味を察する。「ああ、彼はそういうことを言いたかったのか」とピンときたとき、『ゴッドファーザー』のようなセリフが光って生きてくる。

文化的背景や文脈から言葉の意味を類推すれば、映画の見方も小説の読み方も変わってくる。これもまた言語を学ぶ醍醐味だ。

アメリカ英語とイギリス英語は違う

英語を学ぶときには、アメリカ英語とイギリス英語をゴチャゴチャにしないように気を付けなければいけない。日本で使われている英語は、ほとんどアメリカ英語がベースだ。

消しゴムのことをアメリカでは「eraser」と言うが、イギリスでは「rubber」と言う。アメリカでは「消しゴムをもらえますか」と言うときに「Can you give me an eraser?」と言えば問題ないが、「Can you give me a rubber?」と言うと、大変まずいことになる。アメリカでは「rubber」はコンドームの俗語（スラング）だからだ。

アメリカで「He is on the job.」と言うときは「彼は今仕事中だ」という意味になる。

ところがイギリスでは「彼は今（男女の関係で）取り込み中です」という卑猥な意味に受け取られる。

アメリカ英語とイギリス英語には、こういう違いがたくさんある。綴りもだいぶ違う。例えばアメリカでは「色」は「color」だが、イギリスでは「colour」だ。アメリカでは「名誉」は「honor」だが、イギリスでは「honour」と綴る。イギリスとアメリカでは記号の使い方も異なる。文章を書くときにいずれかの使い方を貫けば問題ないが、イギリス英語とアメリカ英語のルールをゴチャゴチャに混ぜてはいけない。

もともと英語はイギリスで誕生した言語だ。余談だが、イギリス人はアメリカ英語にときどき違和感を表すことがある。そういうとき、アメリカ人は第一次世界大戦と第二次世界大戦を取り上げて、「オレたちアメリカ人がいなければ、お前らの国語はもうとっくの昔にドイツ語になっていたはずだ」と（半分）ジョークで返したりする。

ちなみにイギリスの名首相ウィンストン・チャーチル（一八七四～一九六五）はイギリス人（父）とアメリカ人（母）のハーフだった。彼は皮肉が大好きで、「England and America are two countries divided by a common language.」（イギリスとアメリカは共通言語で分けられた二つの国だ）と言った。

また、「flip」という英語は、日本ではテレビ番組でメモや図表を見せる「フリップ、紙でできたパネル」として使われる。アメリカでは「はじき上げる」という意味の動詞として使う。サッカーのボールをどちらのチームが最初に蹴るか決めるときに、代表がコインを投げる。コインを空中に放り投げると、表が出るか裏が出るかは半々の確率だ。こういうときに「flip a coin」と言う。

ただし、「He flipped.」とは「彼はひっくり返った」などという意味では決してない。これは特殊な意味、すなわち「減刑を受けるために、容疑者もしくは被告人が全面的に検察と協力することになった」を意味する。要するに「司法取引に応じた」ということだ。アメリカの日常的俗語の中には、こういうものがときどきある。日本で「彼はカン（完）落ちした」と言うのと同じだ。

ちなみに、私が本書の原稿を書き始めた頃、トランプ大統領の元顧問弁護士マイケル・コーエン氏について「Will Michael Cohen flip?」という話題が持ち上がった。周知のように二〇一八年八月二一日、彼は一部の罪を認め、検察と協力することになる。次章でもう少し、この話題とロシアゲート疑惑について議論する。

「カン落ち」を意味する「flip」の作法は「俗語」だ。アメリカではインテリ層を含め誰でも知っている。日本の英語教育の授業時間は限られており、「flip」のような俗語をたくさん教えることは難しい。だが、俗語の代表例くらいは学校で少し教えても良いのではないか。

スラングを覚えれば、ケーブルテレビでＣＮＮやＭＳＮＢＣを観たり、オンラインでニューヨーク・タイムズやウォール・ストリート・ジャーナルを読む手助けになる。また、英語のツイッターをフォローするときにも役立つ。

英語圏に輸出されたヘンな日本語

日本語が外来語として、英語圏に輸入されるケースもある。例えば「It's just kabuki.」という言い方だ。直訳すると「これはただの歌舞伎だ」となるが、実際には日本の歌舞伎とは関係ない。「これはただのパフォーマンスだ」というような意味だ。

日本の火鉢は、戦前まで暖房器具として使われていた。アメリカで言う「hibachi」は、石炭に火を入れてバーベキューに使う家庭用クッキング器具を意味する。「hibachi」は英語圏と日本とで、全然違う意味で使われるようになった。

「Take me to the head honcho.」（私をボスのところに連れて行きなさい）という言い方は、太平洋戦争直後から使われている。おそらく軍隊で言う「班長」あたりが「honcho」に転じたのだろう。「head honcho」と言うと「一番偉いボス」を意味する。

一方、外来語として日本に入ってきた英単語は、もともとの英語とは全然意味が違うことが多い。英語圏に輸入された日本語も同じだ。英語圏に外来語として入ってきた日本語は、もともとの日本語とは全く違う意味で新語として流通する。

一九九八年に、大蔵省（現財務省）の官僚がノーパンしゃぶしゃぶで金融機関から接待を受けていた問題が大ニュースになった。銀行や証券会社には通称「ＭＯＦ担」と呼ばれる職員がおり、彼らと官僚が癒着していた。

「ＭＯＦ」とは「Ministry of Finance」（財務省）の略称だ。「ＭＯＦ担」は大蔵省の役人をいかがわしい店に連れて行き、接待攻勢をかけて自社に利益を引き出そうとする。彼らに充てがわれる女性は、週刊誌や夕刊タブロイド紙で「特攻ホステス」と呼ばれた。

ちなみに、太平洋戦争の特攻隊員のことを英語で「kamikaze」と呼んだが、戦後の俗語で「kamikaze taxi driver」は危険運転をするタクシー運転手を意味するようになった。

ほかにも「ちょっとだけお酒をついでください」と言いたいときに「just a sukoshi（少し）」と言ったりする。相手の名前に「san」（さん）を付けるアメリカ人も増えたが、日本の習慣がわからないためにときどき彼らは自分の名前にも「san」を付ける。「futon」（布団）など、英語圏に輸入された日本語はほかにもたくさんある。言葉遊びのように和製英語や洋製和語を探すのも、英語の勉強の余興として面白いだろう。

私の日本語勉強法

私が東京大学に赴任したのは一九八四年のことだ。いずれ日本で教員を務めようと二年前に仮内諾した私は、一九八二年夏にアメリカで「読む・書く・話す・聞く・文法」の日本語教育を一〇週間集中的に受けた（私はスタンフォード大学の教員だったが、日本語入門授業の担当教員は私に学生と同じ授業の参加を認可してくれた）。あれがなければ、今のように日本語を自由に使いこなすのは無理だっただろう。おかげできちんとした基盤ができた。日本語が母語である日本人は、当然ながら小さい頃から親や親戚、友だちと日本語を使っている。だから学校教育で国語を勉強するときには、高いレベルの教育を行えばいい。だが、外国語となると話は違う。

私が日本語を学び始めたのは大人になってからだったが、あのときは子ども時代に立ち返ったつもりで、一から真剣に日本語を勉強した。授業で学んだ一つの例文を今でも思い出す。「夕べ、銀座で、海老の天ぷらを食べましたが、傷んだ海老だったから、病気になりましたよ」。いかにも人工的な例文ではあるが、文法的に見ると、巧みに多くの言い回しが盛り込まれている。

日本に来てから、私はテレビで流れるニュースの「奇妙さ」にハマったものだ。あの頃はＮＨＫをよく見ており、民放はほとんど見なかった。朝七時にニュースをつけると「パチンコの違法操作で犯人を逮捕した」というニュースをアナウンサーが読んでいる。「玉が出るはずのない機械から玉が出る不正を見つけた」という警察発表を、アナウンサーが大真面目な顔をして読み上げていた。逮捕されたのは、玉が出るはずのない機械を置いていたパチンコ屋ではない。しばらくして、アナウンサーはこの意味をようやく理解して、テレビ画面の中で瞬間的に固まってしまった。このことは私の記憶に刻み込まれている。

日本のテレビを見ていると、ときどきこういう面白いニュースがある。「熱中症警戒注意」というテロップをデカデカと警告しているＮＨＫが、炎暑の甲子園で高校野球に興じる高校生を生中継する。

新聞を読んでいて知らない言葉があれば、辞書を引いてそのつど漢字を学んでいく。テレビやラジオを聴いていれば、辞書には載っていないスラングも出てくる。そういう言葉も少しずつ覚えていった。

頭の中で毎回英語から日本語、日本語から英語へと翻訳していたら、とても間に合わない。日本語を使うときは日本語脳、英語を使うときは英語脳に切り替える必要がある。これまた厄介な作業だったが、何年も努力を重ねるうちに、日本語脳と英語脳を簡単にチャンネルチェンジすることができるようになった。

日本語で「あいつは開き直っている」という言い方があるが、英語では「あいつは開き直っている」をひとことで表す言い方はない（余談だが、だから機械翻訳は難しい）。こういう微妙なニュアンスの違いは、外国語の一番難しいところだ。だが辛抱強く勉強を続ければ、外国人である私でも日本語でジョークをかまし、日本人を大笑いさせることはできる。皆さんもきっと同じはずだ。

英会話学校では英語は身に付かない

テレビCMでも、新聞や電車内の広告を見ても、英会話学校の宣伝が絶えることはない。教室に通わず、オンラインのチャットを使って英会話を安く学べるサービスもある。英会話の勉強をしたがるビジネスマンは多い。こうした英会話学校やチャットで英語が上達すると勘違いすると、手痛い失敗をすることになる（最近の事情は調べていないが、昔はベルリッツなど一部のスクールにはまともな先生がいた）。

通常の英会話学校は、アメリカ人やカナダ人、フィリピン人など英語のネイティブ・スピーカーをインストラクターとしてそろえていれば、それなりに体裁は整う。しかし、彼らは短期的に出稼ぎにやって来ただけの人かもしれないし、英語教育法を専門的に教育機関で学んでいるとは限らない。

多くの一般的な英会話学校の場合、インストラクターの仕事は、ゆっくりはっきりとわかりやすい英語を喋り、生徒を満足させて帰らせることだ。生徒は「英語がわかったつもり」「英語がうまくなったつもり」で帰っていくが、実力は伴わない。日常生活の中で、そんなにゆっくりはっきり話してくれることはほぼないからだ。すべての教師がそうというわけではないだろうが、英会話学校のインストラクターは、ある意味「接客商売」をやっているような面もあるのではと思う。極端なことを言えば、英会話学校は学校ではなくサービス業のようなものだ。お客さんを喜ばせて帰らせればよい。だから、そこに通うだけでビジネスの実践で役に立つ英語が身に付くかと言えば、それはあまり期待しないほうがいい。

NHKの「基礎英語」のような独自の教材で、「読む・書く・話す・聞く・文法」をバランス良くきちんと教えてもらえるのであれば、スクールに通う意味はあるだろう。だが、一方で英会話教室を訪れる生徒の中に、万遍なくきちっと外国語を勉強したい生徒が多くいるとは思えない。それは手軽さとは程遠く、辛抱と日々の努力とを伴うものだからだ。「手っ取り早く気楽に英語を使えるようになりたい」という虫のいい話で英会話学校の扉を叩いても、そんな安直な勉強の仕方で実戦に役立つ英語が身に付くわけはないと肝に銘じるべきだ。

もっとも、バーで出会った相手を口説くために使う英語くらいは、英会話教室でも勉強できるだろう。だが自社の商品を販売するために海外に出かけ、相手と交渉するレベルの英語は学べない。日本の中学校と高校で行われる英語教育においてもとても叶わないだろう。そして日本人の英語のレベルは、いつまで経っても低いままだ。

東京大学で英語ブートキャンプを開設せよ

さて、ここまで日本の英語教育の問題点について見解を述べてきたが、ここで実践的な英語を身に付けるための提案をしたい。

私が勤務していた東京大学では、文科Ⅰ類、Ⅱ類、Ⅲ類、理科Ⅰ類、Ⅱ類、Ⅲ類まですべての一～二年生が、教養学部がある駒場キャンパスで学ぶ。その後、進学振り分けという制度によって、専門となる学科へ進学する。

東京大学駒場キャンパスは、日本の大学の中では優れた英語教育を行う努力をしているほうだとは思う。だが、いかんせんコマ数が足りなすぎる。一回一〇五分の授業が週に三

〜四回程度では、語学教育には全然足りない。

学生たちは普段はほかの授業もたくさんあって忙しいから、例えば夏休みに三週間かけて朝から晩まで徹底して英語の特訓をすればよい。そうすれば英語はかなり上達するだろう。そこで私は、東京大学をはじめとする日本の大学に、英語の「ブートキャンプ」を設けるべきだと提案した。この提言を東京大学の公式内部機関紙「学内広報」（二〇一〇年五月号）の「噴水」欄に公表したが、反応は皆無だった。

ちなみに、東京大学では、「すべての理系の講義を英語で行うように切り替えるべきだ」という議論がときどき起こる。私は総論としては反対しないが、現実問題として学生（一部の教員も）の英語が十分なレベルに達していないため、英語で授業を行うと内容が伝わらない恐れがあると思っている。先述したように夏休みの「英語ブートキャンプ」を設置し、学生の英語レベルを徹底的に向上させるならば、今後理系の授業を英語で行うこともできるようになるかもしれない。

英語だけで教育を行うからといって、もちろん日本文化としての日本語を軽視するものでは全くない。英語は世界における「リンガ・フランカ（情報伝達の共通媒体）」だし、効率的なリンガ・フランカをもてば情報発信がより容易になる。

この点で、諸外国は日本よりもはるかに進んでいる。例えばチューリッヒにあるスイス連邦工科大学（ＥＴＨ）では、大学院生の大多数と多くの教員はスイス国籍を有していない。ここではすべての大学院の講義が現地語（ドイツ語）ではなく、英語で進められる。事務スタッフや技術職員さえも、皆流暢な英語を話す。

世界に開かれた知的環境とは、このような状態をいうのだ。東京大学でも大学院教育の英語化を実施できれば、海外から数多くの優秀な院生や教員が集まるだろう（少なくとも日本語が来日の主要な障壁の一つになっていることは疑いようがない）。

世界に開かれた知的環境を整備できれば、東京大学の教育・研究はさらにレベルアップする。その前に避けて通れない課題が、東大生の英語力の低さだ。残念ながら、日本で最難関の大学の学生でさえ、英語のレベルは高くない。これは由々しき問題だ。

アメリカの一流大学に合格できない東大生

私の見るところ、東京大学に限らずほとんどの日本人学生にとって、英語だけで進める講義をフォローするのは至難の業だろう。

英語力を評価するにはさまざまな手法がある。ＴＯＥＦＬ試験はその一つで、国際的にも広く使われている。ＴＯＥＦＬの紙媒体試験（ＰＢＴ）の点数は最低三一〇点から最大六七七点まであり、アメリカの一流大学の博士課程に入学するためには、ＴＯＥＦＬで六〇〇点のスコアが合格ラインのめどだ（現在ＴＯＥＦＬのインターネット媒体試験ｉＢＴが主流となったが、私のように古い人間は、ｉＢＴでの成績を、ＰＢＴの成績に置き換えるようにしている）。

ＴＯＥＦＬで六〇〇点以上を取れたとしても、辛うじて英語によるアメリカの大学院の専門講義をフォローでき、多少なりとも議論に参加することができるレベルでしかない。アイビー・リーグ（アメリカ東海岸にあるハーバード大学やイェール大学、コロンビア大学など八つの一流大学）の博士課程で学問を究めるためには、もっと高いＴＯＥＦＬスコアが必要だ。

東京大学で私が所属していた専攻では、ＴＯＥＦＬを大学院入試の一環として使用していた。残念ながら、ほとんどの博士課程入試合格者のスコアは六〇〇点に達することなく、五五〇点以上を達成する者でさえ、全体の約四分の一程度にとどまる。

つまり英語に限って言えば、現役の東京大学の大学院生のごく一部のみが、アメリカの一流大学の博士課程に辛うじて「すべり込みセーフ」で合格できる程度だ。ほとんどの院生は、アメリカの一流大学の博士課程に入ろうとしても不合格だ。ほかの専攻や研究科の教員にも聞いてみたところ、この状況は東京大学全体でほぼ同様だった。

日本のほとんどの学生は、少なくとも中学校と高校で六年間英語を勉強する。四年制大学まで進学すれば、大学一～二年生の二年間も英語の授業があるから、つまり合計八年にわたって英語教育を受けたことになる。にもかかわらず、博士課程進学時点のＴＯＥＦＬのスコアがかくも低いのには、愕然としてしまう。

ちなみにＴＯＥＦＬ試験には一つの落とし穴がある。幼少時二～三年間イギリスやアメリカなどに住んだことがある帰国子女は、英語を聞く能力をうまく使って抜群のＴＯＥＦＬスコアを稼ぐことができる。それでも実際には、彼らの英語は子どもレベルにすぎないことがときどきあるのだ。しかも自分の英語が子どもレベルであることを自覚せず、「自分は英語が達者だから、これ以上英語を勉強する必要はない」と勘違いしていたりする。

私の専攻である東京大学大学院理学系研究科の地球惑星科学専攻では、二〇〇四年から「科学英語演習」の科目を新設した。私は二〇一六年度まで科目担当だった。実際の講義室担当は優れた非常勤講師だったが、彼らがやむを得ず欠勤したときには、私が「代打」を務めた。

当初は修士課程の院生も履修できたが、二〇〇八年度頃から博士課程の一年生のみ「原則必修」と位置付けられた。講義は夏冬学期の週二回、計五二回実施する（計七八時間）。講義の目的は必ずしもＴＯＥＦＬのスコアを向上させることではなく、科学者として必要不可欠な一般的な英語力（話す・聞く）を強化することだ。

真面目に講義に出席して宿題をこなしさえすれば、TOEFLの再試験において、以前スコアが低かった学生でも平均約四〇点アップした。すでに良いスコアを取っていた学生でも、平均で約二五点スコアがアップするという目覚ましい結果を得た。

根本的な問題は日本における英語教育そのものにあるが、大学として今すぐできることはある。前述のように、学部生も大学院生も一緒になって、夏休み中に全員「英語ブートキャンプ」を受けるのだ。泊まり込みで朝から晩まで何週間も英語を集中的に学ぶ。食事中や休憩中も日本語を使うことは禁止にし、短期集中で英語漬けの特訓を受ける。こういった荒療治をすれば、学生の英語力が飛躍的にアップすることは間違いない。

これを実現するためには、相当な財源を確保しなければならないだろう。だが、日本の大学が世界の大学と伍してそれなりのポジションを占めたいと思うのであれば安いものだ。この程度の大改革を実施できないようなら、「大学の国際化」は絵に描いた餅に終わる。

文部科学省は「スーパーグローバル大学創成支援」という事業を始めた。日本の大学を「スーパーグローバル」にしたいのであれば、「英語ブートキャンプ」こそ、全国の各大学で実施してほしい。

ロバート・ゲラーの辛口英語コラム

「ジョークを英語で言えるようになったら一人前」

外国語でジョークを言ってその国の人を笑わせることができるようになったら、その人はかなり高いレベルまで外国語を身に付けているといえるだろう。私が勤務していた東京大学で英語がかなりよくできる先生でも、ジョークを言うところまで英語を自在に使いこなすのはなかなか難しかった。

英語圏では次のようなジョークがある。

Q「Why do they bury lawyers in 12 feet graves?」
A「Because deep down they're really good guys.」

質問は「彼らはなぜ弁護士を一二フィート（四メートル弱）の深さに埋葬するのですか？」というものだ。

さてまず、文化的背景として、英米では通常六フィートの深さ（二メートル弱）に埋葬するものだ、という慣例を知っておかなければならない。

例えば

Q「Where is Smith?」

A「He's six feet under.」

とは「スミスはどこですか?」「彼は地面より六フィート深いところにいる」(つまり、彼は死んでもう埋葬された)を意味する。

ここで、もとのジョークの答え「Because **deep down** they're really good guys.」を考えよう。キーポイントは、「deep down」にはダブルミーニング(二つの意味)があることだ。

「Deep down he's really a good guy」とは、「表面的には嫌な奴に見えるが、よくよく知ると実にいい人だ」を意味する。

「deep down」のもう一つの意味は、文字通り「より深い」(一二フィート、通常の埋葬時の二倍の深さ)だ。この二つ目の意味は、一つ目と正反対となる。「弁護士はあまりにも嫌な奴で、確実に墓から戻ってこないようにするため、通常の深さの二倍で埋葬する」ということだ。

シンプルなフレーズ、日常的に使う英単語の組み合わせであっても、文化的背景がわからなければすぐにはジョークとはわからない。外国語を学ぶためには、文化的背景も学ぶことが必要だ。単に言葉の羅列を暗記するだけでは、自然な形でジョークを言うところまで習熟はしない。

第5章

知られざるアメリカの正体

（※）本章の記述は、二〇一八年一〇月五日現在のもの

歴史好きの理系学生だった頃

私は日本に長年住んでおり、恐らくここに骨を埋めることになるだろう。むろんどの国にもプラスの面とマイナスの面もあるが、全体として私は日本が大好きだ。本書を通じて、アメリカ人の私から見た日本のおかしな点について、批判的な意見を述べてきたが、これはネガティブな思いからではなく、あくまで建設的な提案をというつもりであったことをご理解願いたい。

来日した一九八四年頃、私は母国アメリカ合衆国にももちろん欠点があると承知していた。それでも私は自分がアメリカ人であることを誇りに思うことができた。しかし残念ながら、近年トランプ政権が誕生して、アメリカの抱える問題は増幅したように思う。これまでも、アメリカの理念と現実との間には常にギャップがあったが、現在そのズレは、グランドキャニオン規模の溝となってしまっている。

前章で述べたように、若い頃私は手当たり次第たくさんの本を読んだ。高校生のときには将来の専門として理系一本に絞っていたが、文系科目、特に歴史科目にも興味を抱いて

いた。アメリカの高校には「アドバンスト・プレースメント（ＡＰ）」という制度がある。高校で大学一年生並みの授業を受けて、その後全国テストに合格すれば、大学に入学してから単位を取得できる。ただし単位を認可するかどうかは、大学によって判断が分かれる。高校生のとき、私はＡＰ授業を複数の科目受け、それぞれの科目の全国テストにも受かった。その中の一つに、アメリカ史も含まれていた。

ＡＰのアメリカ史の授業の副読本は、歴史学者（そのほとんどは大学教授）が書いた著名な論文だった。これは結構面白かったし、かなり勉強になった。

そのようなわけで、私は理系の人間ではあるが、歴史には深い興味を抱き、これまで多くの本や論文類を読んできた。本章では、日本ではあまり知られていないアメリカの歴史の一面を紹介したい。

アメリカといえば「自由の体現者」または「民主主義の理念の庇護者」というイメージが強いだろう（もっとも、近年の「トランプのアメリカ」によってこのイメージは覆されつつあるが）。だが実際の事実は大いに異なっている。結論から言うと、アメリカ史の主たるテーマは黒人奴隷制度の導入（一六二〇年頃）、廃止（一八六五年）とその清算だ（今でも進行中）。これはアメリカのインテリなら誰でもわかることだが、あまりにも当たり前すぎて恥ずかしいことなので、普通は誰もわざわざ口にしない。

本章では、アメリカ史を早足でおさらいしながら、「知られざるアメリカの正体」についての入り口を開きたいと思う。

おカネは「ファンジブル」である

アメリカのアカデミズムの中でも、アイビー・リーグ（アメリカ東海岸にあるハーバード大学やイェール大学、コロンビア大学など八つの一流大学）は誰もがうらやむ花形だ。だがそのアイビー・リーグとて、歴史をひもとくと、キレイ事ばかりで成り立っているわけではないことがわかる。

ハーバード大学の経営原則の中に「Every tub has its own bottom.」という言葉がある。直訳すると「あらゆる船にはそれぞれ船体がある」、意訳すれば「組織は部局ごとに別会計」といったところだ（なお、グーグル翻訳では、tubが「船」ではなく「浴槽」と訳されているが、いうまでもなくこれは間違いである）。すなわち、各部には（なりふり構わずに）自分の予算を確保するためにお金（寄付金、外部からの研究助成金など）を募ることが期待されている。アメリカの大学では、予算の運用は多少柔軟だ。大学基金からの収入を、外部資金を集めにくい部局に対して重点的に配分することになっているが、基本的にはどの部局でも自分たちに必要な予算の確保に各々が努めるということが譲り難いルールとしてある。

ハーバード大学に限らず、アメリカのすべての大学の真の「モットー」は「Money is fungible.」だ。直訳すると「おカネは代替可能物である」。「代替可能物」は、日本語では日常的に使われる表現ではない。アメリカでも「fungible」という単語の意味を知らない人は多いが、大学教員や経営者の間ではごく普通に使われている。私は一九七八年、スタンフォード大学の教員に着任直後、学部長から「fungible」という言葉を教わった。つまりこれは、どのような人物から寄付金をもらったとしても、大学の口座に入金した後はいちいち出所を特定する必要はない。出所がどうであれ、それはすでに大学の金なのだ、という意味だった。

日本では大学への入学を学力試験でもって決める。アメリカの大学では「アドミッションズ・オフィス」（AO）と言って、学力試験一辺倒ではなく、書類選考と面談によって入学を決める（近年「AO入試」は日本でも見られるようになったが）。

例として、トランプ大統領の義理の息子ジャレッド・クシュナー氏のハーバード大学への入学を取り上げよう。高校時代の彼の成績は良くなかったが、不動産業を営む父親チャールズ・クシュナー氏が一九九八年に二五〇〇万ドル（約二億八〇〇〇万円）の寄付契約をハーバード大学と結んだ。その直後、ジャレッド君はハーバード大学に合格する。たまたま受かったとは考えにくい。ハーバード大学は実質的に入学する権利を「売りに出した」のだ。だがこういう事例は、決して例外的なケースではない。ハーバード大学に限らず、アメリカではほとんどの私立大学が同様のことを行っている。

アメリカの私立大学は多額の公的資金も受けているし、また税の優遇措置も受ける。なのに、このように不公正に「入学する権利を売買する」制度が「公然の秘密」として存続することは、現在のアメリカの構造的な腐敗を表す代表的な事例と言えよう。なお日本でも「裏口入学」が問題になることがあるが、それとは根本的に違う。日本の裏口入学では、支払われた金銭は一部の大学関係者のポケットマネーになるのに対して、アメリカのこの制度は、受け取ったカネは大学の基金となる。

日本でも学力試験による入学を廃止し、原則ＡＯ制度によって入学の可否を決めようとの声がある。それが現実になったら、アメリカと同じ不公正が日本でも発生しないとは言えないはずだ。

黒人奴隷制とアイビー・リーグの欺瞞

実はハーバード大学やイェール大学が好ましからざる寄付金を受け取ったという不名誉な歴史は、決して新しい話ではない。大学創設の時代から、このような不公正は行われてきた。というのは、これらの大学の元をたどると、アフリカからアメリカに奴隷を運んだ船の持ち主が、奴隷貿易で大儲けしたおカネを使って、ハーバード大学やイェール大学など老舗大学に寄付金を出したという事実に突き当たるのだ。

イェール大学内には、つい最近まで「カルフーン・カレッジ」というカレッジがあった。ちなみに、イェール大学では「カレッジ」は「レジデンシャル・カレッジ」（全寮制による住み込み形式）というユニークな制度を持つ。多くの基礎科目は、寮ごとに学ぶようになっている。

寄付金によってこのカレッジを創設したジョン・カルフーン（一七八二～一八五〇）は、サウスカロライナ州出身の政治家だ。彼は一八〇四年にイェール大学を卒業した後、米国副大統領（一八二五～一八三二）を務めている。

南部出身だったカルフーンは多数の奴隷の持ち主であり、南北戦争（一八六一～

一八六五）の種をまいた人物の一人としても知られる。つまり奴隷貿易を積極的に進め、国家に対する反逆行為を手がけた人物の名前を冠したカレッジが、イェール大学にはあったのだ。

そのことが最近問題になり、二〇一七年になってようやくイェール大学は「カルフーン・カレッジ」の名前を取り下げて「グレース・ホッパー・カレッジ」に改名した。ただしこれは中途半端な改名であり、ＯＢ・ＯＧが今後とも「カルフーン・カレッジ」と呼びたいならば、大学側は異議を表さない、とも表明している。

そもそも、イェール大学の前身は「コリージエート・スクール」と呼ばれていたが、一七一三年から数年間にわたってエリフ・イェールというお金持ちのイギリス人（当時アメリカはまだイギリスの植民地だった）から大口寄付を受け、その見返りとして彼の名前を校名にした。イェールはイギリスの植民地だったインドの企業（イースト・インディア・カンパニー）で胡散臭い事業を手がけ、大金持ちになった人物である。彼が手がけた事業には奴隷売買もある。つまり、イェール大学の基盤は、奴隷の血にまみれているのだ。現在に至っても、その反省は十分とは言えない。イェール大学に限らず、多くのアメリカの名門私立大学も同様のそしりを免れない。

トーマス・ジェファーソンは黒人奴隷を所有していた

教科書などに書かれているアメリカの歴史には、南北戦争によって奴隷制がなくなったと記されている。だが二一世紀の今日になっても、アメリカの奴隷制の清算はまだ終わっていないのだ。

アメリカ独立宣言（一七七六年七月四日）の冒頭には、次のような有名な文言がある。

〈すべての人間は生まれながらにして平等であり、その創造主によって、生命、自由、および幸福の追求を含む不可侵の権利を与えられている。〉

この独立宣言を起草したのが、第三代アメリカ大統領トーマス・ジェファーソン（一七四三～一八二六。在任一八〇一～一八〇九）であることは、よく知られている。ジェファーソンは弁護士出身であり、政界入りしてから国務長官・副大統領を歴任し、アメリカ建国の黎明期に大きな役割を果たした。ルイジアナ州他一四州の全部もしくは一部をフランスから購入し、アメリカの国土を倍増させたことも功績の一つとされている。

だが彼が多数の奴隷の持ち主だったことは、日本ではあまり知られていないのではないだろうか。

しかもサリー・ヘミングスという黒人奴隷の愛人もいた。言うまでもなく、指導教員と院生との関係よりも、奴隷の主人と奴隷との力関係はさらに明白であり、双方の合意に基づいた対等な関係であったとは考えにくい。通常の感覚では、白人の奴隷所有者と奴隷の女性との関係は、レイプと位置付けられてもやむを得ないくらいのものだ。実際、南北戦争が終結するまで、アメリカ南部では奴隷に対する公然たるレイプが日常的に起こっていた。

トーマス・ジェファーソンは自分の家庭で黒人奴隷と関係を持ちながら、「自由と平等」を高らかに謳い上げたキレイ事を平気で書いたのだ。たとえ当時の時代背景を考慮したとしても、ジェファーソンは矛盾を抱えた鈍感力にあふれる、無節操な人物だったと言わざるを得ない。

当時、ジェファーソンとヘミングスの関係は公然の秘密だった。多くの奴隷の持ち主には同様の関係があったとも言われている。しかしながら、彼の死去後、ジェファーソンを聖人のように見る傾向が少しずつ強くなる。私が子どもの頃（ジェファーソンの死去から一三〇年後）には、黒人奴隷に関する噂は「ジェファーソンへの不当な誹謗中傷だ」と言われた。

ところが実際はどうだったのか。一九九八年、ジェファーソンに黒人奴隷の愛人がいたことを証明する決定的な証拠が示された。この年、ジェファーソンの屋敷に仕える黒人奴隷だったヘミングスの子孫に対するＤＮＡ鑑定が行われた。その結果、子孫とジェファーソンのＤＮＡが一致するという結果が出たのだ。一気に議論は逆転して、ヘミングスの子孫はジェファーソンの血を引いていると認めざるを得なくなった。

アメリカの奴隷制は一六二〇年ごろから始まり、南北戦争によって一応は一八六五年に一区切りがついたことになっている。二四五年ほど続いた奴隷制にピリオドが打たれてから、まだたった一五〇年しか経っていない。日本で明治維新が起きた頃（一八六八年）、アメリカではまだ奴隷制の余波が色濃く残っていたわけだ。

私が生まれた一九五二年には、南北戦争に兵隊として参加した人が周囲でギリギリ生き残っていた（兵隊として従軍していたと確認できる最後の生存者は、一九五六年に死亡した）。奴隷制が終わってから一五〇年以上が経った今、アメリカで人種差別の問題は解消されたのか。

そんなことはない。

今でも白人警官が黒人に暴行を加えたり、撃ち殺したりする事件が起きる。

本章執筆中にも、痛ましい事件が起きた。二〇一八年九月六日にテキサス州ダラス市で黒人男性ボッサム・シェム・ジーン氏（二六歳）が自宅マンションにいたところ、突然非番の白人女性警察官アンバー・ガイガー氏（三〇歳）が部屋に入ってきて、正当な理由なしに彼を拳銃で撃ち殺した。事件直後、警察当局と州の公安局は被害者に対して個人攻撃を行い、加害者の警官をかばおうとした。しかし、保守王国ダラス市であっても、世論はこのような対応を許さなかった。事件の三日後ガイガー氏はマンスローター罪（意図的でない殺人罪）に問われ（今後、より重い殺人罪で告発される可能性がある）、約三週間後解雇された。被害者には前科もなく、大手コンサルティング会社に勤務する平和な一市民だった。当然ながら、被害者の遺族は怒りと悲しみの中にいるだろう。まだ不明な点がたくさん残されている。公判で真実が明らかになることを期待したい。

このような痛ましい事件が起こるたびに、たとえ一五〇年を経ても、いまだ有色人種差別の問題が社会に息をひそめて残されているという事実がつきつけられる。

終わらない黒人差別と「五分の三条項」

アメリカの奴隷制と黒人差別は、一気に流れが変わって廃止に至ったわけではない。差別撤廃に反対する勢力、黒人からの搾取を求める勢力が根強くあったため、黒人差別はただちには廃止されなかった。

黒人差別の歴史を表す典型例といえるのが、アメリカ合衆国憲法に記された悪名高い「五分の三条項」だ。

アメリカの国会は上院と下院からなり、上院は州の人口と関係なく各州からそれぞれ二名の議員が選出される。アメリカでは一七八九年において一三の州があったが、その数は少しずつ増え、一九五九年にアラスカ州とハワイ州が誕生して、現在の五〇州になった。一方、下院の議員数は人口に比例して定められているが、各州は必ず一名の下院議員を選ぶ権利を持つ。下院の各州の議席数は、一〇年ごとに見直される。

当初人口が少ない州は、人口の多い州に力が偏るのを恐れて、各州ごとに平等に二名の上院議員を割り当てるよう政府に要求した。このため一七八九年、マサチューセッツ州やニューヨーク州のように人口が多い州であろうが、サウスカロライナ州やジョージア州のように田舎の州であろうが、すべての州が二名ずつの上院議員しか選べないようになった（今ではジョージア州のアトランタは、ハブ空港を持つ大都会にはなったが）。

人口が多い州と人口が少ない州は、一つの対立軸だ。

一方もう一つ、別の対立軸がある。奴隷制が経済の基盤となった南部州と、奴隷貿易で儲けたもののそれが経済の基盤とはならなかった北部州との対立だ。合衆国建国のときも、南部州は仮想敵である北部州の反奴隷制運動を恐れていた。防衛策として南部州は「下院議席水増し措置」の制定を要求し、それによって影響力を保とうとした。これは、下院議席の区割りを決める計算式に反映された。これがアメリカ合衆国憲法第一章第二条「下院」の中の、「五分の三条項」だ。【　】内が、一八六五年の憲法改正によって無効となった「五分の三条項」の文言である。

〈下院議員と直接税は、連邦に加わる各州の人口に比例して各州間に配分される。【各州の人口は、年期を定めて労務に服する者を含み、かつ、納税義務のないインディアンを除いた自由人の総数に、**自由人以外のすべての者の数の五分の三**を加えたものとする。】〉（日本語訳は「アメリカンセンターJAPAN」のウェブサイトを参照。太字は筆者による）

つまり、下院の区割りを人口比によって決めるとき、白人は一人につき「一」とカウントする。ところが〈自由人以外のすべての者〉、すなわち黒人奴隷は「一」ではなく「五分の三」とカウントするのだ。ただし奴隷を区割りの計算の五分の三とカウントしても、彼らには投票権は一切ない。だから、南部州の白人の一票はかなりの重みを持っていた。

なお憲法には「奴隷」とは直接書かれていない。婉曲的表現（「自由人」（すなわち白人）と

「自由人以外の者」（奴隷）が用いられている。憲法の作成者（少なくとも、その一部）は「奴隷制は恥ずかしい」と認識していたことがわかる。

いずれにしても、このような妥協の下で、アメリカ合衆国の憲法草案が作成され、各州で批准された。

こうして差別主義的なアメリカ合衆国憲法は承認され、一七八九年にジョージ・ワシントン初代大統領（彼も奴隷の持ち主だった）が誕生して、合衆国の歴史が始まったのだ。

なお先ほどの「五分の三条項」は、一八六五年に南北戦争で南部が敗北したことに伴って、無効とされた。今でも改正前の文言がカギカッコつきで残されている（法律文書は通常、「削除」「修正」など変更を加えた履歴も残すようにするものだからだ）。アメリカの学校の授業では「この部分は今では無効にはなったが、以前はアメリカでこういう歴史があった」としっかり教える。先人たちが犯してきた負と恥の歴史から、私たちは目をそらすべきではない。

リンカーンの奴隷解放宣言

南北戦争中に厄介だったのは、「border state」（境界州）と呼ばれる南北境界線にあった州の扱いだった。ケンタッキー州（エイブラハム・リンカーン生誕の地）、テネシー州、メリーランド州、ミズーリ州といった州はアメリカ合衆国から離脱しなかったが、奴隷制が最後まで残っていた州だった。

アメリカ合衆国大統領として南北戦争の最高指揮官を務めたリンカーンのポリシーとして、できるだけ境界州を敵に回したくない、というものがあった。よって必要以上に敵をつくらず、戦争を泥沼化させないようにするため、リンカーンは境界州の奴隷を性急に自由にはしなかったのだ。

戦況が変わるにつれ、リンカーンはついに一八六三年一月一日、「奴隷解放宣言」を出した。これは巧妙に作成された文書だ。特に、境界州と既に合衆国軍が支配している地域の奴隷については、この「奴隷解放宣言」では解放を認めていない。そもそも通常、大統領には法的に認められた「人の財産」、すなわち奴隷を奪う権限はない。だが戦争中においては、奴隷は合衆国政府に対して戦争をしかけている敵の財産だ。だから政府には、造反者の財産（つまり奴隷）を没収する権限があった。

このような巧妙なロジックを使って「奴隷解放宣言」は反逆者の財産である奴隷を没収し、そのうえで奴隷を解放したのである。

もう一つの重要な方針変更は、リンカーンが黒人（解放された奴隷を含む）を兵力として取り込んだことだ。その数は、戦争終了時までに二〇万ほどに上った。

一八六四年の暮れになると、北部（合衆国政府）の勝利は時間の問題となった。この段階で、リンカーンのリーダーシップのもと、国会は憲法改正案を採択する。翌一八六五年に四分の三の州が批准して、奴隷制の廃止が確定した。憲法修正案を批准した時点で「修正第一三条」と呼ばれるようになった。

「修正第一三条」が批准されるに至り、ようやくアメリカ全土で奴隷制の廃止が確定されたのだ。この時点で「五分の三条項」は無効となったが、前述したように「死語」として今でも憲法に残っている。

ちなみに、リンカーンは偉大なリーダーでもあったが、現実主義の政治家でもあった。国会で憲法修正案を通すために、彼はなりふり構わず何でもやった。

憲法を改正するためには、上院と下院で三分の二の賛成を得なければならない。そこでリンカーンは上院議員や下院議員に「賛成票を通すならば、君たちの選挙区で公共事業をやってあげよう」「政府の仕事がほしいなら、君たち議員の側近に仕事をあげよう」と懐柔し、田中角栄に負けないほどの典型的なバラマキ政策による政治工作を行ったのだ。

憲法改正案を通すために、リンカーンは国会に法案を提出してカリフォルニア州の隣にあるネバダを「領域」から州に格上げする。これはどういうことかと言うと、ネバダが州になれば、上院議員と下院議員のポストが新たにできる。リンカーンはネバダの議員がみんな奴隷制廃止に賛成票を投票するとわかっていた。それゆえに彼はネバダの州格上げを急いだのだ。

このようにあらゆる作戦を使い、リンカーンは奴隷制をなくすための道筋を一つずつつけていった。

ところが奴隷解放のための憲法改正が批准されてからも、自由になった黒人に対するひどい差別は終わらなかった。差別運動の急先鋒に立ったのは、旧南部政府軍の元幹部たちだった。

南部では白人至上主義者の秘密結社ＫＫＫ（クー・クラックス・クラン）が結成され、彼らが黒人を襲撃してリンチし、大量殺人を繰り広げた。暴力による巻き返しによって、彼らは白人支配主義を取り戻していった。

南北戦争が終わり、南部には黒人の上院議員も下院議員もいたのに、こういうとんでもないことが起きてしまった。ＫＫＫの残党と、白人史上主義の思想にかぶれた差別主義者は今もアメリカに存在する。

彼らの偏狭な思想に対抗し、「人種差別は絶対許さない」という声を皆で上げ続けなければ、差別主義者は再び息を吹き返す。差別との戦いに終わりはない。永遠に続けなければばならないのだ。

ちなみに、アメリカ合衆国第四五代大統領ドナルド・トランプ氏の父親フレッド氏（一九〇五～一九九九）はＫＫＫのメンバーである。彼はＫＫＫが引き起こした暴動によって一九二七年にニューヨーク市クイーンズ地区で逮捕された。

「ジム・クロウ制度」と「バス・ボイコット運動」

南北戦争終結後、奴隷は解放されたが、ＫＫＫのテロが相次いだだけではなく、南部各州において黒人に対する差別が法律化されたのである。これは「ジム・クロウ制度」というものだった。

南北戦争が起こる前のアメリカ南部では、白人と黒人の人種隔離を法律で義務づけていた。これは黒人の大半を占めた奴隷だけでなく、自由な黒人に対しても適用された。南北戦争以降、特に一八七七年の南部州に対しての合衆国政府特別規制解除後、この人種隔離法は南部州において広く適用された。その結果、病院や学校などの公共施設やトイレだけでなく、レストランや飲み屋から売春宿に至るまで、人種隔離政策は徹底された。

こんな理不尽なことが、アメリカでは長年にわたってまかり通っていたのだ。

人種差別は戦場にも存在した。第二次世界大戦では黒人も白人も関係なく徴兵されたわけだが、黒人は特に差別を受けていた。「黒人部隊」が結成され、彼らはとりわけ厳しい戦場に配備された。

軍隊における人種差別に疑義を唱えたのが、第二次世界大戦終結後に政権を握っていた第三三代ハリー・トルーマン大統領（一八八四～一九七二。在任一九四五～一九五三）だ。トルーマンは大統領命令を出して、軍隊における人種差別をやめるよう命じた。

一九五〇年代に入ると、人種差別反対運動は各地で激化する。一番のきっかけは、一九五五年にアラバマ州のモンゴメリーで始まった「バス・ボイコット運動」だ。バスで白人席に座っていた黒人のローザ・パークスは、運転手から席を立つよう命令される。彼女は席の移動を拒否し、警察に逮捕された。この事件が民衆の怒りを呼び、公民権運動が全土に広がるのだ。

マーティン・ルーサー・キング・ジュニア牧師（一九二九～一九六八）は、ローザ・パークスから始まった「バス・ボイコット運動」を組織的に広げる。白人席と黒人席に差別を設けるのなら、我らはバスなんて利用しない。そう宣言して、バスを使わずみんなで街を練り歩いたのだ。

リンドン・ジョンソン大統領（一九〇八～一九七三。第三六代。在任一九六三～一九六九）

の体制になると、ついに歴史が大きく動く。一九六四年に公民権法が制定され、人種差別が禁止されたのだ。「ジム・クロウ制度」の慣習や名残は、今後すべて廃止すると政府が宣言したのである。

ところが、「ジム・クロウ制度」は一九六五年に廃止されたが、実際には人種差別はすぐにはなくならなかった。バスや電車をはじめとする公共の場所で黒人が差別的扱いを受けることはなくなったものの、明らかな差別といえるような事例があちこちで残ったのだ。

最も顕著なものとして、共和党が行った黒人の参政権を制限しようとする行為をあげよう。二〇一八年八月、黒人が多い選挙区（これはつまり、民主党の票田ということになる。民主党の支持層に黒人が多いため）ジョージア州ランドルフ郡での出来事だ。共和党は九つの投票所のうち、七つを閉鎖する案を提言したのだ。この案が採択されれば、民主党に入る黒人の票数をかなり減らせる。結局共和党によるこのような画策は明るみになり全国的に大騒動になって、閉鎖案は不採択となった。

このような、せこいとしか言いようのない作戦を共和党がとるとは、実に嘆かわしい。

トランプ大統領も悪用した「犬笛政治」

アメリカ合衆国は、建国期からの長い歴史の中で「人種差別を撤廃する戦い」「人権を守る戦い」を一歩ずつ進めてきたと言いたいところだ。だが、現実はそう甘くない。進んだり後退したり進んだり後退したり……の繰り返しだ。

人種差別撤廃の戦いは、南北戦争終了直後から今日までの約一五〇年間で少し進んだとはいえる。約五〇年前の一九六五年、私が一三歳の頃、当時のアメリカ大統領ジョンソン（民主党）は人権法と投票権法を通過させた。これでもってようやく、アメリカは人種差別撤廃に向けて大きな一歩を踏み出したのだった。しかし、それ以降、これまでの半世紀の間で、人種差別撤廃への戦いはむしろ後退したと思わざるを得ない。

この間に起きた二つの出来事に注目しよう。まず、リチャード・ニクソン大統領（共和党。一九一三〜一九九四。第三七代。在任一九六九〜一九七四）の「southern strategy（南部戦略）」だ。共和党は伝統的に「リンカーンの党」いうあだ名を持つ。南北戦争において共和党は反旗を翻した南部の州に対して徹底した戦いを展開し、南部の男たちを大量に戦死させた。戦争中、南部州とその住民の財産は大きな物的災害をこうむった（その典型例は、ウィリアム・シャーマン将軍によるアトランタから大西洋までの約四〇〇キロにわたる徹底した破壊進撃だ)。

南北戦争後の一〇〇年の間、南部の白人たちはロボットのごとくひたすら民主党に投票し続けた。しかしながら、民主党のジョンソン大統領が人権法を通したことで、民主党は南部の多くの白人を敵に回すことになる。その後共和党政権のニクソン大統領が打ち出したのは、南部の白人を共和党の新支持基盤に取り込むという大胆なビジョンだった。これは現在のアメリカ政治の悪質さを表す原点ともいえるものだった。

二つ目にあげたい重要なポイントは、リー・アトウォーター(一九五一〜一九九一)という共和党系政治コンサルタントによる天才的政治テクニックだ。かつて、南部の白人は公の場で黒人に対してひどい差別用語(「Nワード」という)を平気で使った。一九六〇年代に入ると、さすがに公で使われることはなくなった。アトウォーターは、禁じられた差別用語を使わずに同様のメッセージを白人社会主義者に伝える手法を開発したのだ。これを「犬笛政治(dog whistle politics)」と呼ぶ。以下詳細に説明しよう。

犬の耳は人間と比べてより広い周波数帯の音をキャッチする。人間は二〇ｋＨｚまで聴こえるが、犬の耳はもっと高い周波数(四〇ｋＨｚ〜六〇ｋＨｚ)までとらえることができる。従って、「犬笛」は高周波数の音波を発信するため、犬には聴こえるが人間は聴こえない。

さて「犬笛政治」とは、婉曲的な表現を用いることで一見問題なさそうに思わせるが、差別意識が強い人たちならば「反黒人」のニュアンスを解読できるよう、特別に仕組まれたコミュニケーション手段のことを言う。「Nワード」を使うとすぐに差別だとわかり問題になるので、それをあえて使わずに、それを示唆する別の表現に置き換える。例えば「（連邦政府に対して）州の権利（states' right）」とか、「自宅近くの学校（neighborhood schools）」、「法と秩序（law and order）」などの表現は、一見問題なさそうに思えるかもしれない。ところがこれらの表現を演説に使うと、差別的な意識を持つ人にはそれの意味する差別的なニュアンスがよくわかるのだ。例えば、「州の権利」は、そもそも南北戦争時の南部州のスローガンで、つまるところ奴隷制度の維持を主張するものだったが、現在は、白人支配主義を想起させるものとなった。また、「自宅の近隣の学校」について言及するのは、黒人と白人の子弟を別々の学校に行かせるべきという主張であり、いわゆる強制的な学校での人種差別廃止（court ordered busing）に反対の立場を表している。「法と秩序」は、暗黙に犯罪者は黒人であり、警察は黒人を厳しく取り締まるべきという主張が潜んでいる。このように個々の表現だけではなく、演説の全体の流れの中に、明白な差別的意図がはっきり感じ取れるのである。

ここでアトウォーターの経歴を簡単に紹介しよう。ジョージア州に生まれ、サウスカロライナ州で育った。ちなみに同州は、一八二五〜一八三二年に副大統領であったカルフーンの出身地である。アトウォーターは同州で政治コンサルタントとなる。一九八四年には、レーガン大統領選対副本部長を務めた。

アトウォーターは一九八四年の選挙の翌日、政治コンサルタント事務所ブラック・マナフォート・ストーン・ケリー社のシニアパートナーに就任した。ちなみに「マナフォート」とはポール・マナフォート氏、「ストーン」はロジャー・ストーン氏を指す。前者は二〇一八年八月、「ロシアゲート」疑惑関連の有罪判決を受けている。二〇一八年九月時点で後者はまだ告発を受けていないが、「ロシアゲート」の被疑者と見なされている。現在と過去はよくつながっているものだ。

二〇一六年一一月のアメリカ大統領選挙で、共和党のドナルド・トランプ氏は民主党のヒラリー・クリントン氏を破って当選した。

アメリカ大統領選挙は、政党ごとの党員集会や予備選挙から始まり、長期間にわたって続く。トランプ氏は当初「絶対当選するはずがない泡沫候補」「お笑い候補」と見なされていた。ところが数奇なボタンのかけ違いによって、トランプ氏は躍進した。大ドンデン返しで共和党代表の座を射止めただけでなく、決選投票で大統領に当選してしまったのだ。

選挙戦を通じて、彼は耳を疑うようなおぞましく汚い言葉を連発した。相手候補を口汚く罵るくらいであれば、テレビを重視する劇場型選挙として片づけられる。彼はヒスパニックの有色人種を排斥しようとする差別発言を繰り返し、「メキシコ国境に壁を建設する」というクレイジーな政策まで掲げることによって、特定の層の人たちの熱烈な支持を得た。

これはアトウォーターの「犬笛政治」の典型だ。トランプ氏は、メキシコ国境にはヒスパニックの不法移民が大勢いると指摘する。そういう人々はアメリカの社会資源を食いつぶし、害悪をもたらすから、アメリカから出て行ってもらわなければならないと言うのだ。このような意見は、いわゆる良識的な人々にとっては極めて愚かしい発言としてしか受け止められないだろうが、一方でこの発言を強く支持する人たちもいる。特定の支持層、つまり「犬笛」が聴こえる人たちがいて、トランプ氏の政治手法は、そういった人々に向けてのみ強烈にアピールするというやり方だ。

経済不況と停滞が長く続くアメリカでは、多数派を占める白人が強い不満を抱えている。「オレたちはこんなに一生懸命働いているのに、ちっとも豊かにならない。ろくに稼ぎもしないあいつらが、オレたちが稼いだ税金と社会保障を食いつぶしているせいだ」

こういった不満を抱く人々が、トランプ氏が叫ぶヒスパニック排斥に賛同した。

トランプ氏のタチが悪いのは、ヒスパニックを攻撃するだけにとどまらず、さらには他の少数者まで排斥しようとしている点だ。

「犬笛政治」によって、あからさまには叫ばれないトランプ氏の「本音」が暗に聴こえてくる。

黒人、ヒスパニック、他の有色人種、障害者、性的少数者――。そういったマイノリティへの差別意識が、トランプ氏の「犬笛政治」によってアメリカ国内で醸成され、次第に拡大しつつある。これは極めて危険な動きだ。

追い詰められるトランプ大統領の元選対本部長

トランプ大統領が進める豪腕政治に対して、アメリカ国内で揺り戻しの動きもある。

FBI（連邦捜査局）は、選挙中からずっとトランプ陣営の不正疑惑を捜査してきた。

とりわけ重要なのが、トランプ陣営が選挙中にロシア側と接触し、不法な選挙対策を働いた「ロシアゲート」疑惑だ。FBIはトランプ政権からの報復を怖れることなく、「ロシアゲート」疑惑にかなり踏み込んでいる。

二〇一七年七月、FBIは、トランプ陣営の選挙対策本部長を二〇一六年三月から同年八月まで務めていたポール・マナフォート氏の自宅などを家宅捜索した。

大統領選挙戦真っ只中の二〇一六年八月、マナフォート氏にウクライナの親ロシア派政党から一二七〇万ドル（約一四億一四七万円）もの裏金が渡っていた疑惑が報じられた。この報道を受けて、選挙戦の最中にもかかわらず、マナフォート氏は選挙対策本部長を辞任している。

選対本部長を辞めたからといって、「ロシアゲート」疑惑に蓋をして終わりにできるわけではない。彼がウクライナの親ロシア派政党やロシア政権と連絡を取りながら、裏でいったい何をやっていたのか、ＦＢＩは血眼で捜査を進めている。

どうやらマナフォート氏はＩＴに弱かったらしく、「ロシアゲート」を疑わせる証拠をたくさん残している。ロバート・ミュラー特別検察官は捜査令状を取って、マナフォート氏の貸し倉庫から大量の証拠を没収した。彼は二〇一七年一〇月に起訴され、二〇一八年に入ってからも次々と追起訴されている。二〇一八年八月二一日には脱税などで有罪判決を受けた。その翌月に彼は別の裁判の被告になる予定だったが、一転して有罪を認め、特別検察官と協力することに合意する。これについては後ほど触れる。

刑期軽減をニンジンのようにぶら下げる司法取引

アメリカでは「司法取引」が公然と行われる。おそらくミュラー特別検察官がマナフォート氏に対して、こうやって脅しをかけたのだろう。

「ポール、君は五〇〇年の刑罰がいいか。それとも三〇〇年の刑罰がいいか。いずれにせよ、そうなったら刑務所に入ったまま死んで、墓場に入ってからも手錠はかかったままだ。それでもいいのか。刑務所で死にたいか。それともチンピラZとして、チンピラWを告発する証言台に立つか決めろ」。アメリカには「Maximum security prison」（最もセキュリティが厳しい刑務所）と、「Supermax prison」（それよりもさらにセキュリティが厳しい刑務所）がある。「Supermax prison」には爆弾テロ犯や連続殺人犯など凶悪犯が収容され、絶対に逃げられない。

これとは別に通称「Club Fed」がある。「Fed」は「Federal」（連邦政府）の略であり、「Club Med」（クラブメッド）というリゾートホテルに名前を引っかけている。「Club Fed」は刑務所だから、もちろん「Club Med」ほどのリゾート的な環境ではない。それでも他の刑務所よりはずっと安全でマシなところだ。

特別検察官はチンピラに「オマエはMaximum security prisonに入って、死ぬまで塀の中で暮らすのがいいか。それともClub Fedで半年ばかりのプチバカンスをするか。どちらでも選べるぞ」と迫る。

特別検察官は「世の中そんなに甘くはないぞ。オレたちに協力して知っていることを全部バラせば、暮らしやすいClub Fedでしばらく『檻の中のバカンス』を過ごすだけで勘弁してやろう。バカンスを得るために、オマエは知っていることをすべて話すんだ」と迫る。

こうして徐々に、もっとグレードの高いチンピラのことを証言台でしゃべらせ、どんどん追い詰めていくのだ。

鬼や悪魔のような捜査官からあの手この手で揺さぶりをかけられれば、並の人間は心が折れて司法取引に屈服してしまう。だが強靱な精神力をもった人間は、特別検察官がこのような司法取引を仕掛けようと応じようとはしない。

二〇一八年九月一四日に、マナフォート氏は司法取引に応じたと報道された。彼は今検察側と協力している。その協力の度合いをみてから、刑が決められる。マナフォート氏には、ロシアとウクライナのマフィアとの長い付き合いがある。知っていることをベラベラ検察に全部しゃべると、彼だけではなく、彼の家族も報復の対象となるかもしれない。これは究極の選択だった。

ちなみに日本では、表向きは司法取引はないことになっている。だが実質的な「日本版司法取引」は存在する。

例えば地下鉄サリン事件直後に逮捕されたオウム真理教の幹部・林郁夫受刑者は、事件の全貌が明らかになっていない段階で罪を認め、検察に全面的に協力した。林受刑者の協力がなければ、オウム真理教事件の全容解明はもっと遅れていただろう。

そのため検察は林郁夫受刑者の裁判で、一審の求刑を死刑ではなく無期懲役刑に減刑し、一審判決が確定した。他の首謀者にはことごとく死刑判決が下されている。本書執筆中の二〇一八年七月六日には、教祖・麻原彰晃をはじめ七人の死刑が執行された。七月二六日には、残るオウム幹部六人の死刑が執行されている。

林受刑者は地下鉄サリン事件で少なくとも二人を殺害し、無数の重軽傷者を出しただけでなく、ほかにもいくつもの罪を犯した。司法の常識で考えれば、死刑が妥当だ。事実、オウム真理教事件で捕まった他の幹部たちは、ことごとく極刑を下されている。司法取引に応じたおかげで、林受刑者は辛くも死刑を免れたわけだ。

ミュラー特別検察官は、昔からこういう手法を得意とする。彼はかつて、マフィアに対して同じやり方を使った。下っ端のチンピラたちを捕まえて、だんだん下から上へと上がっていく。

「オマエを何年でも刑務所に放り込んでおけるんだからな」

「死刑もありうるぞ」

「財産を全部没収して家族を破滅させることだってできるんだぞ」

このように徹底的に脅し上げて、司法取引を迫る。

FBIに逮捕されてから司法取引に応じたまでの間に、マナフォート氏は、「針のむしろ」としか言いようのない苦しい日々を過ごしていただろう。まあ、アメリカの皮肉の諺だが、「If you can't do the time, don't do the crime.」(禁固刑に耐えられないならば、罪を犯すな。「do time」は「服役する」を意味する俗語)

ポルノ女優への口止め料支払い疑惑

アメリカ政府が、ロシアとトランプ陣営との共謀をどこまで立証できるのかは微妙なところだ。

アメリカの情報機関NSA(National Security Agency:国家安全保障局)は、エシュロンという通信傍受システムを使って世界中のメールや電話、通信を傍受していると言われる。

トランプ氏の選対本部長を務めていたマナフォート氏のメールや電話についても、全く傍受していないわけがない。しかし、NSAが何かをつかんでいたとしても、その情報を明らかにするのは今後の捜査に支障が生じる可能性がある。「何をどこまで傍受できているか」を表に出してしまえば、逆に「何をどこまで傍受できていないか」もバレてしまうからだ。

手の内を明かした結果、NSAの通信傍受能力が低い事実があらわになってしまう危険性もある。そうなれば「アメリカは世界のインテリジェンス戦争に負けた」と自ら認めてしまうようなものだ。

これらのことは憶測の域を出ないが、そういった事情も影響しているのではないか。FBIはマナフォート氏をいったんマネー・ロンダリング（資金洗浄）や賄賂といった金銭的な罪のみで起訴することにした。先述したようにその後マナフォート氏は司法取引に応じたと報道されているため、事態の新たな展開を期待したい。

トランプ陣営には、ほかにもうさんくさい話がたくさんあるようだ。

トランプ氏がポルノ女優ストーミー・ダニエルズ氏との不倫問題を揉み消すために、一三万ドル（約一四四六万円）もの口止め料を支払ったというのだ。

疑惑は大統領選挙よりもずっと前の話だし、仮にトランプ氏が自分のポケットマネーから払ったのだとすれば、選挙キャンペーンへの寄付行為とみなすこともできる。慰謝料や迷惑料を誰に払おうと一向に構わないが、トランプ氏がその事実を当局に申告していなかったのは問題だった。

二〇一八年四月、ＦＢＩは、口止め料を支払ったトランプ大統領の個人弁護士マイケル・コーエン氏の事務所や自宅を家宅捜索している。マイケル・コーエン氏はＦＢＩの捜査を受けたのち、ニューヨーク南部連邦地方検察官に脱税などで告発された。彼は二〇一八年八月二一日に有罪を認め、検察側との司法取引に応じることになった。刑の内容は、被告の協力の度合いによって決まってくる。

捜査はまだ続行中だし、ＦＢＩが起訴に踏み切るかどうかも定かではない。トランプ大統領の周辺の金銭スキャンダルや疑惑は一つひとつつぶさに調べ上げられていき、遅かれ早かれ、「ロシアゲート」疑惑解明のための外堀は埋められていくだろう。

アメリカ合衆国の憲法を起草した人たちは、イギリスを反面教師にした。彼らは一人の大統領が絶大な権力を握り、独裁者のように好き勝手に振る舞う事態に陥るのを怖れた。だからアメリカに大統領制度を打ち立てつつ、大統領の権限に対してあちこちからチェック・アンド・バランスを働かせられるよう、憲法に安全装置をたくさん仕込んでおいたのだ。

だからトランプ大統領がトップに就いても、大統領令に対して議会が抵抗する手段が残っているし、FBIは自由に政権中枢を捜査できる。

ただし、チェック・アンド・バランスが正常に機能するためには、国会議員の良識が欠かせない。現在の共和党議員のほとんどはロボットのようで、トランプ氏を支持し続けている。アメリカの民主主義は大変危険な状態にある。二〇一八年一一月に行われる中間選挙は、アメリカの民主主義が生き残るか死ぬかを左右するものになるだろう。

トランプ氏を支える「クールエイド・ドリンカー」

二〇一八年までの四〇年間、トランプ政権の前にロナルド・レーガン大統領（一九一一～二〇〇四。第四〇代、在任一九八一～八九）や父ブッシュ大統領（一九二四～。第四一代、在任一九八九～一九九三）、子ブッシュ大統領（一九四六～。第四三代、在任二〇〇一～二〇〇九）の共和党政権があった。

その間にマスメディアを取り巻く状況を変えた二つの大きな出来事があった。一つ目は、一九八七年にテレビとラジオに関して放送の公平性を担保するための「公平原則」、いわゆる「フェアネス・ドクトリン」が廃止されたことだ。これによって、論争の両側それぞれの言い分をフェアに放送する必要はなくなった。それによって「右翼トーク・ラジオ」が誕生した。

二つ目の出来事は、一九九六年一〇月に「フォックス・ニュース・チャンネル」（以下FOXテレビと呼ぶ）というケーブルテレビ局が誕生したことだ。FOXテレビはまさに「共和党宣伝テレビ局」「右翼チャンネル」とも言ってよい。

FOXテレビは、共和党の宣伝を行うプロパガンダテレビ局として知られている。トランプ大統領の熱烈な支援者は、FOXテレビ以外のテレビはほとんど見ないだろう。FOXテレビしか観ない人々のモノの見方は、恐ろしく偏っている。まるで「地球は平らだ」と思い込んでいるかのように、トランプ氏のおかしな主張に疑問を唱えない。地動説を信じず、天動説を信じ込んでいるようなものだ。

日本ではNHKは公共放送として中立を装ってはいるが、地震予知・予測問題に限らず随分政府と与党側に偏っている。だがFOXテレビはその何十倍もひどい。

アメリカには「Kool-Aid drinkers」という言い方がある。一九七八年、南米のガイアナ共和国でカルト教団「人民寺院」の信者九〇〇人余りが青酸カリを砂糖水に入れて集団自殺した。牧師が青酸カリを入れるよう指示した砂糖水は、「Kool-Aid」という有名な粉末ジュースのブランドだった（なおKool-Aidブランドではなく、Flavor-Aidという別ブランドだったとの議論もあるが、「Kool-Aid drinker」という表現はもう定着している）。

この事件にちなんで、「誰かの宣伝を完全に鵜呑みにする人」のことを、「Kool-Aid drinkers」（「クールエイドを飲む人たち）と呼ぶようになった。ＦＯＸテレビを見る人たちも「Kool-Aid drinkers」そのものだ。ＦＯＸテレビが言うことを盲目的に信じる彼らが、トランプ大統領の強い支持基盤になっている。

現在、アメリカ人のおおよそ二五％程度が、ＦＯＸテレビを好む熱狂的なトランプ支持者と言っていいだろう。ほどほどにトランプ氏を支持する国民を加えれば、四割程度の国民がトランプ大統領を支持していることになる。人々の目が少しずつ覚めて支持率が二五％にまで落ち込めば、賛成票と反対票は三対一だから勝負は明らかだ。

トランプ氏は二〇一八年六月に金正恩委員長と直談判して史上初の米朝首脳会談を成功させたこともあり、支持率は復活傾向にある（二〇一八年一〇月現在）。賛成票と反対票が三対一に割れるまでには、トランプ氏の不支持は高まっていない。残念ながら現在のアメリカを見ると、国内の「Kool-Aid drinkers」は減るどころか、微増傾向にあるようだ。

なおＦＯＸテレビの現在の実質的オーナーは、第2章で触れたとおり、セラノス社に投資した「メディア王」と呼ばれるルパート・マードック氏だ。一方的な右翼ニュースだけでなく、夜のゴールデンタイムに右翼のコメンテーターを多数投入し、「クールエイド・ドリンカー」を取り込むというFOXテレビのビジネス・モデルは、初代CEO（最高経営責任者）であるロジャー・エイルズ氏（一九四〇～二〇一七）が考えた。ロジャー・エイルズ氏は、ニクソン政権時代にホワイトハウスの報道官を務めた人物だ。

自らのセクハラ疑惑が発覚し、ロジャー・エイルズ氏は亡くなる前の年にFOXテレビのCEOをクビになっている。「#MeToo」運動の直撃を受けて彼は経営者人生に終止符を打つこととなった。ちなみに他のFOXテレビのパーソナリティに対してもセクハラ疑惑があり、局は多額の賠償金を払ったことがある。

先ほど私は、トランプ大統領が某ポルノ女優に「口止め料」を払ったことを取り上げた。法的にこのような契約は「Non-Disclosure Agreement（NDA＝秘密保持契約書）」と呼ぶ。通常、NDAは合意文書として問題ないものだ。例えば受託研究の場合、受託者は委託者の企業秘密を守ることに合意する、という類の契約だ。言うまでもなく、秘密情報を漏らした場合、ペナルティ（賠償金）があり得る。

セクハラ被害者が賠償金を受け取る見返りとして、セクハラ行為および賠償金受け取りについて口をつぐむというケースがある。その場合、被害者が喋ったら事前に定めたペナルティを支払う義務が生じる。こうしたNDAによって、企業はセクハラ行為（違法性がある言動を含めて）を隠蔽することができる。このようなＮＤＡに法的な実効性を認めるべきかどうかについて、法律家がさまざまな見解を示している。

アメリカで渦巻く「黒人の命は大切だ」運動

ここで再び、アメリカの負の歴史に話を戻そう。アメリカでは奴隷制度が終結してから、まだ一五〇年しか経っていない。「ジム・クロウ制度」を廃止したのは約五〇年前のことだ。アメリカの歴史において、南北戦争と奴隷制度の後始末は決して終わっていないのだ。

アメリカには、黒人への暴力に抗議するさまざまな運動がある。

例えば二〇一三年から始まった「Black Lives Matter」（「黒人の命は大切だ」）という運動がある。これは、アメリカ社会で丸腰の黒人が、警官に撃ち殺される事件が起こったことをきっかけに始まったものだ。二〇一五年には三八名の黒人が警官によって射殺され、二〇一六年は一七名、一七年は一九名が殺されている。

アメリカでは白人警官による黒人への理不尽な取り調べや、問答無用の暴行や射殺がしばしば問題になる。アメリカでは日本と違って、威嚇発砲なしにいきなり容疑者に発砲できる。ポケットに手を突っ込んだだけで「拳銃に手をかけようとしている」と疑われ、突然撃たれてしまうことがあるのだ。

令状なしの職務質問なんてそもそも応じる義務はない。それどころか罪もない黒人に因縁をふっかけて殴る蹴るの暴行を加えたり、発砲まですることがある。アメリカ社会では、あまりにも理不尽なことが、まかり通っている。

こういった違法捜査の映像は、しばしば路上の監視カメラや通行人によって撮影される。映像がユーチューブやテレビのニュースで拡散されれば、非難は世界的に広がる。

二〇一四年八月にミズーリ州のファーガソンで黒人の青年が射殺された事件が起こった。あまりにも簡単に黒人を撃ち殺す白人警官に抗議して、「Black Lives Matter」運動が沸騰したのである。

二〇一六年の大統領選挙中にも、いまだ終息しないアメリカの人種差別に対して「Black Lives Matter」運動の賛同者が怒りの声を上げた。トランプ氏の演説会場で抗議のシュプレヒコールが上がる様子が、ニュース映像で中継されたのは記憶に新しいだろう。

NFLのアメフト選手による人種差別への抵抗

アメリカでは、DWB（Driving While Black）という不当な人種差別もある。黒人運転手であるというだけで、ほとんど何の根拠も正当性もなく警察から頻繁に車を止められ、職務質問を受けるハラスメントのことだ。白人運転手にも同じくらいの頻度で職務質問をするのならわかるが、ターバンを巻いたムスリムの運転手や黒人運転手を「怪しい」と色メガネで見る。これは明らかな人種差別だ。

余談だが、DWBとはDWI（Driving While Intoxicated）、つまり、「酒気帯び運転」の略称に引っかけている。

全米で圧倒的な人気を誇るアメリカンフットボールNFL（ナショナル・フットボール・リーグ）は、こうした現状を放置している政府への抗議運動を開始した。二〇一六年八月、試合前にアメリカ国歌が流れるときに、NFLのコリン・キャパニック選手が「Take a knee」（片膝をつく）のポーズを取った。それを端緒としてこの抗議行動は他のチームへと広がり、何人もの選手が抗議の膝つきをするようになった。

こうした動きに対してトランプ大統領は、放送禁止用語の口汚い言葉で選手を罵って反NFL運動を展開した。さらに「星条旗に敬意を示さない選手なんてクビにしやがれ」と恫喝し、白人の支持基盤を取り込もうとしたのだ。トランプ氏は黒人へのあからさまな人種差別に対処するどころか、人種差別まで「犬笛政治」の道具に利用して、アメリカの分断を煽り続けている。

人種差別と闘い、マーティン・ルーサー・キング牧師の暗殺を経験しながら公民権運動を長年にわたって闘い続けてきたアメリカの歴史は、いったい何だったのか。一国の大統領ともあろうものが、公民権運動の尊い闘いを何だと思っているのか。アメリカはここまで堕ちたのだ。

唯一の希望は、ミュラー特別検察官とトランプ大統領との戦いが現在進行形であることだろう。

特別検察官が、ワケのわからない口実をつけてクビにされる可能性もある。かつてリチャード・ニクソン大統領は、ウォーターゲート事件を捜査していたＦＢＩの特別検察官を口封じのためクビにした。これは逆効果となり、世間の怒りを買って結果としてニクソン大統領は辞任に追いこまれた。

トランプ氏が「ロシアゲート」事件を強引に口封じしようとすれば、ニクソン大統領と同じように自滅に追い込まれるだろう。特別検察官とトランプ氏の攻防戦は、今も続いている。

絶対的権力は絶対に腐敗する

ジョージ・ワシントンやアレグザンダー・ハミルトン、ベンジャミン・フランクリンをはじめとするアメリカ合衆国憲法の起草者は、二一世紀の未来を予見するがごとく賢かった。先ほども述べたように、彼らはイギリスを反面教師とした。

腐敗しきった国イギリスを見た彼らは「腐敗は人間の通常状態だ」という性悪説の認識に基づいて、アメリカ合衆国憲法を書いている。万が一大統領にとんでもない独裁者が就いてしまったとき、どうやって合法的にストップをかけるのか。

電気をたくさん使いすぎたときにブレーカーがガコンと下りて放電にストップをかけるように、独裁者の暴走にストップをかけるためのチェック機能を「建国の父」たちはたくさん作ってくれた。

巨大国家アメリカには、州（地方）と連邦政府（中央）の争いもあれば、上院と下院の争いもある。ＦＢＩによる捜査権限もある。

せっかくブレーカーを落として安全装置を働かせても、独裁者はブレーカーを元に戻して放電を始めようとする。アメリカ合衆国憲法に何段ものブレーカーがなければ、今頃トランプ大統領のやりたい放題でアメリカはもっとひどいことになっていたに違いない。
イギリスの歴史家ジョン・アクトンはこう言った。
「Power tends to corrupt and absolute power corrupts absolutely.」(権力は腐敗する。絶対的権力は絶対に腐敗する)
アメリカ合衆国は「絶対的権力は絶対に腐敗する」という言葉を肝に銘じて、トランプ大統領の時代を生き抜かなければならない。そしてこの言葉は「絶対的権力」を手中に収めつつあるように見える、どこかの国の総理大臣にも当てはまると思うのだ。

ロバート・ゲラーの辛口英語コラム

「正直な政治家とは？」

アメリカではこういう皮肉がある。

「An honest politician is one who, when he is bought, will stay bought.」

これは「Honest politician」（正直な政治家）とは、賄賂を受け取った後、ちゃんと賄賂の見返りを果たしてくれる人のことだ、という意味だ。

アメリカの政治家がウソをついているかどうか、見分ける方法がある。

それは何か？

答えは「口が動いているとき」だ。

「しゃべっていること全部がウソである」というくらい、厳しい目で政治家を監視しなければ、彼らはたちまち腐敗して国民の期待を裏切るのだ。

残念ながらこのようなジョークは、今日、単なるジョークではない。

おわりに

本書に最後までお付き合いくださった読者の皆さんに、感謝したい。

私は二〇一七年三月まで、大学教授として地球物理学（主に地震学）を専門として教育と研究に取り組んできた。今日にわたって続けている私の研究の大部分は、純粋な好奇心に基づいた基礎研究だ。同時に、私は震災による被害を軽減するために地震学者としてどういった努力をすべきかということについても、学生の頃から関心を持ち続けていた。

来日した一九八四年頃、一部の日本の御用地震学者たちは研究費を獲得するため、地震予知に関するバラ色の宣伝活動を繰り広げていた。これには私は驚かされた。あまりにも世界の地震学の常識とかけ離れていたからだ。

彼らは「東海地震」の「直前（三日以内）の予知」ができるとまで言い切ったが、ここに確立された学問的根拠はない。にもかかわらず、ごく少数の批判を除けば、政府もマスメディアも国民も、このとんでもない嘘を鵜呑みにしたのだ。本書で述べたように、ほとんどの人々が「地震予知神話」を信じ込んだことは、一種のマインドコントロールのようだった。

もう一つ驚いたことは、「権威」の力だった。当時、主要組織だった地震予知連絡会（地震予知連と略す）の会長は、国際的に認められている研究業績（論文の重要性、本数、被引用件数など）とは関係なく、単に肩書が「予知連会長」であったことから、国内では地震学の神様のように扱われていた。これは近代国家にはあり得ないことだが、実際そうだったのだ。

本書の冒頭で書いたとおり、来日して七年経っても誰一人、政府の誤った予知計画について警鐘を鳴らす人が出てこなかったため、当時東京大学の助教授だった私は「ネイチャー」に「揺らぐ地震予知」と題した小論文を発表し、日本の地震予知計画の問題点を指摘した。その後も私は、自分の専門研究に取り組みながら、並行して予知問題に関する啓発活動も行ってきた。

「ネイチャー」での小論文発表から二七年が経ち、地震予知をめぐる問題だらけの状況の改善に、ある程度貢献できたといえるだろう。とはいえ御用地震学者と結託している官僚のしぶとさと、彼らの広報を担うＮＨＫの力はすさまじいもので、まだ論戦は続いている。もし御用地震学者たちが、自分たちの属する「体制」での役割を放り出し、物理学的事実（周期説は間違っているということ）を素直に認めたならば、日本の地震学研究も政府の防災政策もすぐに立て直すことができるだろう。その日が来るまでマスメディアにはぜひ粘り強く、学問的事実を報道し続けてもらいたい。

本書において私は、地震予知問題に限らず、日本におけるさまざまな具体的な問題も取り上げた。その共通点は、研究者、官僚、政府、政治の消極的な姿勢のせいで、本来ならば改善できたり、あるいは解決可能であるような多くの問題が放置されている、ということだ。本書でも触れたようにマスメディア、とりわけ大手各社（NHK、民放、大手新聞社）の責任は重い。五〇年も前から彼らの基本的な姿勢は、疑問をほとんど持たぬままに政府の発表を垂れ流すことにあるように思えてならない。

日本の大手メディアは、いわゆる「レガシーメディア」だ。運営費が高い紙媒体（新聞、雑誌）中心の、および大変コストがかかるビジネスモデル（地上波テレビ）から脱皮できていない。紙媒体メディアと地上波の民放は広告収入に頼っているので、スポンサーにとって不利な報道ができない。このために内容が徐々に劣化しつまらなくなって、読者や視聴者が離れ、売上部数や視聴率が下がっていく――こうしてますます負のスパイラルに陥っていく。一方、私が来日した三四年前も、NHKは政府寄りだったといえるが、近年ますますその度合いがひどくなりつつあるようだ。昔から大阪の人はNHKをあまり信用しないとよく言われたようだが、最近は東京の住民ですらＮＨＫを信用できなくなりつつあるようだ。
アメリカのレガシーメディアが抱える問題は日本と同じだが、アメリカに新しく誕生したメディアは日本より頑張っている。例えば新ネットニュースサイト（Vox、Vice、Buzzfeed、Daily Beastなど）や、市民ジャーナリストによるサイト（CitJournoなど）が活躍している。言うまでもなく、紙媒体のメディアに比べると運営コストははるかに低い。またケーブルテレビチャンネル（ＦＯＸ、ＭＳＮＢＣなど）も数多くある。もちろんこれはいいことばかりではない。第5章で述べたように、ＦＯＸだけを観る人は「Kool-Aid drinkers」になる傾向がある。だがアメリカに比べると、日本はかなり遅れている。もう少し時代のニーズに合うコンテンツ・プロバイダーが誕生することが、日本にとって大変望ましいと思う。

本書の第1章から第3章は、理系研究者として書いたものだが、第4章「『使えない』英語教育」は、教育者として意見を述べた。一つの章だけでこのテーマについて議論するのは不十分だ。そこで私は近いうちに英語教育問題についての著書（共著）の刊行を予定しているので、詳しくはそちらをお待ちいただきたい。

そして第5章は、人生の半分ずつをアメリカと日本で暮らしたという立場から、書いたものだ。日本にとってアメリカとの関係は、今でも最も大切なものだ。日本の読者の皆さんに、現在のアメリカが抱える問題の根の深さを知ってもらいたいと思う。本書を執筆している今、アメリカでは特別検察官による「ロシアゲート」疑惑についての捜査が山場を迎えている。大統領選挙に介入するという前代未聞の反逆行為を働いた犯人の検挙がどこまでできるのか。私たちは見守るしかない。その後の展開がよいものになるよう願っている。

私にとって、今や日本は「第二の故郷」「第二のホームタウン」となった。暮らしやすく平和な日本が、さらによい国になるように、私は一人の研究者、そして教育者として、これからも研究も発言も続けていきたいと思う。

最後に、本書を刊行するにあたり多くの方々の協力をいただいた。東京堂出版の担当吉田知子さんと、草案の作成を担ったライターの荒井香織さんの貢献は欠かせなかった。また、最終段階において、原稿を丁寧にチェックし、貴重なコメントをお寄せ下さった市川家國さん、荻原節子さん、河合研志さん、塩見美喜子さん、杉本めぐみさん、富田蓉佳さん、中野義知さん、西村義樹さん、広瀬容子さん、森松ここさんには、記して感謝したい。

また、そのほかにも多くの方々の御尽力をいただいた。厚く御礼申し上げる。そして妻の支援とアドバイスなくして本書は日の目を見なかったことを、記しておきたい。

二〇一八年一〇月

ロバート・ゲラー

追記1

第5章の冒頭に記したように、本書の記述は二〇一八年一〇月五日現在のものだ。どのタイミングであれ、筆を置いた時点でその後に起こったことについては書きそびれてしまうのは止むを得ない。しかし、その後の約四週間に起きた三つの出来事については、どうしても看過できるものではないため、追記というかたちでここにかいつまんで取り上げることとしたい。

（1）アメリカ在住のサウジアラビア国籍のジャーナリストであるジャマル・カショギ氏がイスタンブールのサウジアラビア総領事館内で殺害された事件（二〇一八年一〇月二日）。第5章を書き終える三日前に起こった出来事だったが、その後サウジアラビア政府高官によって行われた殺人であると認定され、全容が徐々に明らかになってきている。（2）アメリカでの爆弾テロ未遂事件。ヒラリー・クリントン氏、バラク・オバマ前大統領ほか、CNN気付でCIA元長官などに宛てた爆弾が郵送された。幸い一つも爆発せず、死者・負傷者は出なかった。容疑者（シーザー・セヨク、五六歳）は一〇月二六日（アメリカ時間）に逮捕された。（3）ペンシルベニア州ピッツバーグ市で起こったユダヤ教礼拝堂での銃乱射事件。ロバート・バウアーズ容疑者（四六歳）は一〇月二七日（アメリカ時間）、一一人を殺害した疑いでその場で逮捕された。

上記事件のすべては、トランプ大統領と関連を持つ。トランプ氏の経営するホテルにとって、サウジアラビア政府関係者は大きな収入源であり、トランプ氏と家族のそれぞれが経営する会社はサウジアラビアから直接もしくは間接的に融資を受けているとも言われている。そのため、記者（カショギ氏）の殺害に目をつぶったのではないかとの憶測も呼んでいる。また爆弾未遂事件と礼拝堂大量殺人事件の容疑者は、右翼的な陰謀説に影響を受けた人物で、前者はトランプ氏の支持者集会にも参加したことがあった。

これまでトランプ氏にはヘイトスピーチに目をつぶったり、またときとしてかばったりするような言動が見られた。そのことに加え、トランプ氏による「犬笛政治」が不穏な動きを活性化させ、社会に大変悪質な雰囲気をつくり出している。その結果として、右翼的思想にかぶれた精神的に不安定な人による犯罪を誘発したともいえるだろう。

二三〇年前、アメリカの憲法の創案者たちが最も恐れたのは、（トランプ氏のような）デマゴーグだった。そのために彼らは国家憲法に〝免疫〟となる「チェック・アンド・バランス」制度を取り入れた。トランプ氏就任からこれまで辛うじてまだそれが効いているが、次第に弱まってきていることは明らかだ。懸念を抱きながら、今後数ヵ月のアメリカの動きを見守りたい。

日本の皆さんは、このアメリカの教訓を活かすべきだ。民主主義を保つためには、「メンテナンス」が必要である。そのために最も大切なことは、政治に無関心にならないこと、すなわち、少なくとも選挙のとき投票権を放棄しないことだ。しかし、残念ながら二〇一七年に行われた衆議院選挙の投票率は、たかだか五三・六八%にすぎなかった。選挙権を持たない在留外国人である私は、特定の政党の支持を表さないが、「とにかく、投票しろ!」とだけは言わせてもらいたい。

(二〇一八年一〇月三一日記)

追記２

数時間前（二〇一八年一一月七日）に終了したアメリカ中間選挙の結果についてかいつまんで述べる。

先進国とは到底思えない、共和党の違法な投票抑制戦略（voter suppression）だ。これまでもＩＤ認証しないといった投票妨害が続いていたが、今回は驚愕のレベルだ。黒人が多く住む地区（民主党の牙城）では、投票機械の台数は圧倒的に少ないし、投票用紙も全く足りていなかった。何時間も待たされて、諦めて帰る人もかなり出たはずだ。怪しげな停電に至っては、何をかいわんやである。民主主義を守るために、抜本的な改善が必要不可欠だ。

現時点では、選挙結果は未確定だ。上院で改選前に辛うじて多数派だった共和党はさらに三議席程度差を広げたが、下院で改選前少数派だった民主党は逆転して一〇議席程度の差で過半数を獲得する見通しだ。下院の全国獲得票数は民主党＋九・二％（見積もり）で、歴史的な「ウェーブ選挙（地滑り的勝利）」と位置付けられるだろう（これまでの二五年で、二〇〇八年の＋一〇・八％に次ぐ大きさだ）。だが、「Kool-Aid drinkers」のトランプ支持はまだまだ固い。共和党内の反トランプ勢力はほとんど絶滅したので、共和党はもう「トランプ党」となった。トランプ氏は最低の大統領であると私は考えるが、元テレビ番組司会者として支持基盤を盛り上げる才能は偉大だと認めざるを得ない。

本書第5章でも触れたが、おおよそ二三〇年前、まだ二大政党制が確立されていなかった頃、人口が少ない州の憲法批准を得るために、いくつかの妥協が行われた。その一つが、各州に対して平等に二議席ずつ上院議員を割り当てたことだ。今日、人口が少ない州のほとんどは共和党の牙城だ。つまり、上院は、国の人口分布からみれば、少数地域の代表に大きく偏っている。これは、民主主義の理念から程遠い。困難であっても、この不平等な状態の改善は避けて通れない。

一方、下院の多数派の権限は絶大だ。議長および全委員長を任命するほか、各委員会の過半数の委員も任命できる。また、国政調査権（subpoena power）を発動できる。証人喚問だけではなく、証拠提供も命ずることができる。新しく選出された議員たちが二〇一九年一月三日に就任すれば、トランプ氏の所得税確定申告の提供を要求するだろう。トランプ氏だけではなく、他の政府高官の無数の腐敗案件にもメスを入れるだろう。

選挙期間中、ミュラー特別捜査官は「配慮」を見せおとなしくしていたようだが、明日からまた刑事告発および逮捕に向けた精力的な活動を再開するだろう。ニューヨーク州でのトランプ財団についての民事訴訟も続いている。これらはトランプ氏に対して致命的な脅しとなる。興味深く今後の動きをフォローするつもりだ。（二〇一八年一一月七日記）

bit.ly/2F2kXbd
ＮＤＡについて "How nondisclosure agreements protect sexual predators,"by Daniel Hemel. Vox 2018年10月13日 更新 http://bit.ly/2F76Mlw

おわりに

ジャマル・カショギ殺害の件 "Jamal Khashoggi killing: what we know and what will happen next Trump rallies and violence," by Martin Chulov, Patrick Wintour, Bethan McKernan. The Guardian, 2018年10月27日更新 http://bit.ly/2F6sBSd

トランプ大統領のラリー（支持者集会）での演説と殺人・暴力事件との関係についての報道記事 "'No Blame'? ABC News finds 17 cases invoking 'Trump' in connection with violence, threats or alleged assaults," by Mike Levine. 2018年11月5日 https://abcn.ws/2P8QQnc

2018年10月のアメリカでの郵便物爆弾テロ未遂事件 "Cesar Sayoc arrest: Florida suspect faces 48 years in prison over pipe bombs targeting Trump critics," by Mythili Sampathkumar, Clark Mindock, Sarah Harvard. The Independent, 2018年10月26日 https://ind.pn/2F7N8WB

アメリカ・ペンシルベニア州ピッツバーグ市で起こったユダヤ教礼拝堂での銃乱射事件 "Pittsburgh shooting: Robert Bowers pleads not guilty." BBC、2018年11月1日 https://bbc.in/2F5VAWg

日本の投票率データ（総務省のホームページ、国政選挙における年代別投票率について） 2018年11月6日閲覧 http://bit.ly/2F8b8bX

アメリカの選挙インフラの問題についての小論文 "Voting Machines: What Could Possibly Go Wrong?" by Jennifer Cohn. NYR Daily, 2018年11月5日 http://bit.ly/2zupRrO

"An astounding tale of slavery and deceit: Yale University's Madras connection" by TNM Staff. The News Minute, 2017年2月13日　http://bit.ly/2AP8vaO

ジェファーソンの屋敷に仕える黒人奴隷だったサリー・ヘミングスの子孫に対するDNA鑑定の件　"DNA Test Finds Evidence Of Jefferson Child by Slave" by Dinitia Smith and Nicholas Wade. The New York Times, 1998年11年1日　https://nyti.ms/2ANjxNW

アメリカのダラスで起こった黒人青年殺害事件について（2018年9月6日）　米国テキサス州ダラス市で黒人男性ボッサム・シェム・ジーン（26歳）が自分の賃貸マンションの一室で過ごしていた時に、非番の白人女性警察官アンバー・ガイガー（30歳）が部屋に押し入り、正当な理由もなく彼を拳銃で撃ち殺した事件について。"Everything We Know About the Off-Duty Cop Who Shot and Killed Her Black Neighbor," by Amanda Arnold. The Cut, 2018年9月24日更新　http://bit.ly/2F73ajs

アメリカ合衆国憲法（日本語訳）　American Center Japan.（注：微妙な誤訳がところどころ散見されるようだ。詳細省略）http://bit.ly/2F7fiRo

Emancipation Proclamation（奴隷解放宣言）　1863年1月1日発行。http://bit.ly/2FetZSW

1927年のトランプ大統領の父親の逮捕の件　"1927 news report: Donald Trump's dad arrested in KKK brawl with cops" by Matt Blum. BoingBoing, 2015年9月9日　http://bit.ly/2F7g1lA

2018年8月、共和党がジョージア州ランドルフ郡の投票所数を減らす提案を行った件　"Majority-black Georgia county rejects plan to close 7 of its 9 polling places," by Kira Lerner. Think Progress, 2018年8月24日　http://bit.ly/2F5SJwu

マイケル・コーエンの司法取引の件　"Cohen, Manafort, Hunter, oh my: Donald Trump's nightmare news day, explained" by Dylan Matthews. Vox, 2018年8月22日更新　http://bit.ly/2F2H2GE

ポール・マナフォートの司法取引の件　"Paul Manafort pleads guilty and agrees to cooperate with Mueller investigation"by Katelyn Polantz. CNN, 2018年9月14日更新　https://cnn.it/2Fi9dlp

「Kool-Aid drinkers」（クールエイド・ドリンカー）について　"The cult that inspired "drink the Kool-Aid" didn't actually drink Kool-Aid," by Phil Edwards. Vox, 2015年5月23日　http://bit.ly/2F6mopi

ＦＯＸテレビ局内の一連のセクハラ疑惑について　"Kimberly Guilfoyle is the latest Fox figure reported for sexual misconduct in the workplace," by Media Matters Staff. Media Matters for America, 2018年7月27日　http://

on Smoking and Health　http://bit.ly/2F3h0Dc

ＩＱＯＳ等について　“Tobacco Control”「Heated Tobacco Products」、November 2018 - Volume 27 - Suppl 1　http://bit.ly/2F5CFuC

安倍晋三総理の「国民の生命と財産を守るため最善を尽くして参ります」発言について　NNNニュース24、首相「国民の生命と財産守るため最善を」2017年8月12日　http://bit.ly/2F4oOoq

2018年6月15日、自民党の穴見陽一・衆院議員が衆院厚生労働委員会で参考人となったガン患者に対して「いいかげんにしろ」とやじを飛ばした件　「がん患者へのヤジを許す安倍総裁のおごり」PRESIDENTオンライン、2018年6月27日　http://bit.ly/2F17hxa

Tobacco Institute　1998年のMaster Settlement Agreementについての資料参照。Public Law Health Centerのホームページ　http://bit.ly/2Fdzl0m

パラシュート・テストのたとえについて　Hayes, M.J., Kaestner, V., Mailankody, S., Prasad, V., 2018. Most medical practices are not parachutes: a citation analysis of practices felt by biomedical authors to be analogous to parachutes. CMAJ Open. doi: 10.9778/cmajo.20170088

第4章

英語教育についての東京大学への私の提案　「英語のブートキャンプから世界へ：東京大学の国際化を考える」ロバート・ゲラー、2010年、東京大学学内広報5月号（1399号）、18頁。http://bit.ly/2AMChgs

第5章

Advanced Placement（AP）制度について　http://bit.ly/2F4BqMk

ジャレッド・クシュナーのハーバード大学への入学について　“The Story Behind Jared Kushner's Curious Acceptance Into Harvard” by Daniel Golden. ProPublica, 2016年11月18日　http://bit.ly/2F0yaRY

イェール大学内の「レジデンシャル・カレッジ」（全寮制）について　http://bit.ly/2AOOOjp

イェール大学が「カルフーン・カレッジ」の名前を取り下げて「グレース・ホッパー・カレッジ」に改名した件について　“Yale University to drop name of slavery advocate from Calhoun College” by Jamiles Lartey and agencies. The Guardian, 2017年2月11日　http://bit.ly/2ANTPsH

エリフ・イェールについて　“Elihu Yale was a Slave Trader” by Joseph Yannielli、2014年11月1日　http://bit.ly/2AOX2Z3

Buzzfeed: "He Fell In Love With His Grad Student — Then Fired Her For It." by Azeen Ghoraysh, 2016年1月12日　http://bit.ly/2PUGwLR
Buzzfeed: "A Caltech Professor Who Harassed Two Female Students Has Resigned." by Azeen Ghorayshi, 2017年8月2日　http://bit.ly/2PSGtAo
Buzzfeed: "Astrophysicist Christian Ott Was Just Fired From His New Job In Finland After Harassment Scandal." by Azeen Ghorayshi. 2018年2月7日　http://bit.ly/2POcAB8

■アヴィタル・ロネル関連

The New York Times: "What Happens to #MeToo When a Feminist Is the Accused?" by Zoe Greenberg. 2018年8月13日　https://nyti.ms/2ApPfk8
VOX: "When the accused is a woman: a #MeToo story's lessons on gender and power." by Anna North, 2018年8月14日　http://bit.ly/2ApPHyQ
Medium: "I'm Not Ready to Forgive Judith Butler." by Jamie, 2018年8月23日　http://bit.ly/2ArxMaX

第3章

WHOとIOCの合意　「健康なライフスタイル推進に関する世界保健機関と国際オリンピック委員会の合意　―スポーツは生活習慣病を減らす―」（ニュースリリース、2010年7月21日、ローザンヌ）http://bit.ly/2F5UidX

小池百合子「全員を受け入れる考えはさらさらない」発言（産経ニュース、2017年9月30日）http://bit.ly/2F5VmOZ

受動喫煙死亡者数について　本文に示した受動喫煙による死亡者数は、以下の簡略報告書に基づく。受動喫煙死亡者数推計には統計学的不確実があるため、報告書の数値に対して95%の信頼区間（許容誤差）の見積もりをとると、年間受動喫煙死亡者数は25,700人と5400人の間となる。以上から、死亡者数を15,000人とした。

略式研究成果報告書：http://bit.ly/2PBK1dv

フル研究成果報告書：http://bit.ly/2F10Vy8

アメリカ疾病予防管理センター（CDC）の受動喫煙死亡者の試算　http://bit.ly/2F1JvBp

2017年交通事故死亡者数　警視庁公式サイトより。http://bit.ly/2z0rVbF

「たばこ税の仕組み」　JT公式ホームページより。2018年11月5日閲覧　http://bit.ly/2F2YURL

日本医師会　たばこの健康被害「たばこを吸うと寿命が8～10年短くなる？」（2018年11月5日閲覧）http://bit.ly/2F74H91

アメリカ政府によるThe Reports of the Surgeon General：The 1964 Report

com/2PS0y9T
Retraction Watch: "Lancet retracts Jikei Heart Study of valsartan following investigation." by Ivan Oransky. 2013年9月6日　http://bit.ly/2PT0W8e
Retraction Watch: "Novartis Diovan scandal claims two more papers" by Ivan Oransky. 2014年4月2日　http://bit.ly/2PR8dFn
Wall Street Journal: "Novartis Top Lawyer Departs Over Cohen Payments." by Brian Blackstone and Max Bernhard. 2018年5月16日　https://on.wsj.com/2PWRXTD

■セラノス社関連

Vox: "James Mattis is linked to a massive corporate fraud and nobody wants to talk about it." by Matthew Yglesias. 2018年3月16日　http://bit.ly/2PSBIXy
The New York Times: "Caught in the Theranos Wreckage: Betsy DeVos, Rupert Murdoch and Walmart's Waltons." by Reed Abelson and Katie Thomas. 2018年5月4日　https://nyti.ms/2PT55Jk
The Guardian: "Theranos founder Elizabeth Holmes charged with criminal fraud." By Olivia Solon. 2018年6月15日　http://bit.ly/2PY8uqo
Ars Technica: "The downfall of Theranos, from the journalist who made it happen." by Jonathan M. Gitlin. 2018年7月15日　http://bit.ly/2PWUnBH
The Verge: "Theranos is finally shutting down." by Angela Chen. 2018年9月5日　http://bit.ly/2PR0G9B

■ジェフリー・マーラー関連

Buzzfeed: "Famous Berkeley Astronomer Violated Sexual Harassment Policies Over Many Years." by Azeen Ghorayshi. 2015年10月9日　http://bit.ly/2PTmktQ
Sky & Telescope: "Geoff Marcy, Exoplanet Leader in Sexual Harassment Case, Resigns." by Alan MacRobert, 2015年10月13日　http://bit.ly/2PSlWMp
Public Affairs, UC Berkeley: "A message about Professor Marcy's resignation." 2015年10月14日　http://bit.ly/2PSPhpX
Nature News: "Berkeley releases report on astronomer sexual-harassment case." by Alexandra Witze, 2015年12月19日（更新 2015年12月23日）https://go.nature.com/2PPoYB2

■クリスチャン・オット関連

Caltechの学長（Thomas F. Rosenbaum）と学務担当副学長（Edward M. Stolper）が発表した声明（宛先は「Members of the Caltech Community」だった）。2016年1月4日　http://bit.ly/2PSV7rp

Recommendations for the Conduct, Reporting, Editing, and Publication of Scholarly Work in Medical Journals (Updated December 2017). International Committee of Medical Journal Editors (ICMJE). http://bit.ly/2EArcD5

日本医学会—医学雑誌編集ガイドライン（2015年3月） http://bit.ly/2ynlZcj

日本経済新聞 「京大iPS研で論文不正　山中教授ら謝罪」（2018年1月22日） https://s.nikkei.com/2CvY0KE

日本経済新聞 「助教を懲戒解雇　京大iPS論文不正、山中所長も処分」（2018年3月28日） https://s.nikkei.com/2yo6aSH

（なお京都大学広報によると、同大は懲戒解雇については公式ホームページで１ヵ月間公開した後、削除するという方針をとっているため、現在本件についての情報は閲覧できない。）

■ＳＴＡＰ関係

元のＳＴＡＰ論文 Obokata, H., Wakayama,T., Sasai,Y., Kojima, K., Vacanti, M.P., Niwa, H., Yamato, M., Vacanti, C.A., 2014. Stimulus-triggered fate conversion of somatic cells into pluripotency, Nature 505, 641–647. https://go.nature.com/2CvaYsl

論文の撤回通知 https://go.nature.com/2CyE0XR

理化学研究所「研究論文（ＳＴＡＰ細胞）の疑義に関する調査報告について」（2014年4月1日） http://bit.ly/2CAliPT

理化学研究所「不服申立てに関する審査の結果の報告」（2014年5月7日） http://bit.ly/2AnGMxy

2012年に「サイエンス」へ投稿されたＳＴＡＰ論文の査読結果 Retraction Watch:「"Truly extraordinary," "simply not credible," "suspiciously sharp:" A STAP stem cell peer review report revealed」. by Ivan Oransky. 2014年9月10日 http://bit.ly/2CAwR9r

2014年に「ネイチャー」に掲載されたＳＴＡＰ論文の新規投稿の査読結果 Science:「EXCLUSIVE: Nature reviewers not persuaded by initial STAP stem cell papers」by Gretchen Vogel, Dennis Normile. 2014年9月11日 http://bit.ly/2CCsBqg

Pubpeerサイトのトップページ https://pubpeer.com/

■ノバルティス社、ディオン社関連

Retraction Watch: "Study of blood pressure drug valsartan retracted." by Ivan Oransky. 2013年2月4日 http://bit.ly/2PWRb9b

Nature News Blog: "Japan investigations allege misconduct in large-scale clinical studies." by Ichiko Murai. 2013年8月13日 https://go.nature.

るまで、多くの研究者により幾度となく試みられたものの、すべてが失敗に終わっている。この現実は冷静に受け止める必要がある。段取りとして、まず信用できそうな前兆現象を観測した後（まだその段階にも至っていないが）、客観的（統計学的）検証が必要とされる。

「地震予知推進本部」から「地震調査研究推進本部」への改組について 旧科学技術庁内の1995年のこの改組について、2015年の私の論文「間違った学説に頼るな」は「地震調査研究推進本部 20年の資料集第三章」に掲載された。https://www.jishin.go.jp/20years/

政府の「南海トラフ沿いの大規模地震の予測可能性に関する調査部会」トップページ http://bit.ly/2CJNqRv

1991年に「ネイチャー」に掲載された日本の予知体制を批判した私の論文 Geller, R.J. 1991. Shake-up for earthquake prediction. Nature 352, 275–276. https://go.nature.com/2QTfzs2

浜田和郎らによる批判的コメントと、私の回答は一緒に掲載された。（Nature 353, 612） https://go.nature.com/2QTJRLf

2017年の「ネイチャー」の私の小論文 Geller, R.J., 2017. Japan must admit it can't predict quakes. Nature 545, 289. https://go.nature.com/2QW3Ysx

小原一成氏らの2016年の公式プレスリリース「スロー地震の巨大地震との関連性」 http://bit.ly/2pViB3z 元の論文は次を参照。Obara, K.ら, 2016. Connecting slow earthquakes to huge earthquakes. Science 353, 253–257. doi: 10.1126/science.aaf1512

第2章

■山水論文不正問題

撤回された山水らの論文 Yamamizu, K., Iwasaki, M., Takakubo,H., Sakamoto, T., Ikuno, T., Miyoshi, M., Kondo, T., Nakao, Y., Nakagawa, M., Inoue, H., Yamashita, J.K., 2017. In vitro modeling of blood-brain barrier with human iPSC-derived endothelial cells, pericytes, neurons, and astrocytes via notch signaling. Stem Cell Reports 8(3):634-647. doi: 10.1016/j.stemcr.2017.01.023

その撤回通知 doi: 10.1016/j.stemcr.2018.01.033

COPE (Committee on Publication Ethics) Retraction Guidelines http://bit.ly/2Alh4dq

京都大学発表「研究活動上の不正行為に係る調査結果について（2018年1月22日）」 http://bit.ly/2Al2K4t

Elsevier: Ethics in Research and Publication http://bit.ly/2Cvs60U

ら本書31頁に使用している図版にある2011年3月11日の東北地方太平洋沖地震（東日本大震災）のマグニチュード（9.1）は、長周期データを使うGCMT解による。よって気象庁が発表したマグニチュード（9.0）と異なる。またこの図版に記している東日本大震災の死亡者・行方不明者数は、2011年4月当時の警視庁のデータに基づく。

「地震予知」と「地震予測」の違いについて　山岡耕春（名古屋大学教授）らの論文は地震予知（prediction）と地震予測（forecast）の違いを以下のように定義する。これは標準的な定義であって、どの文献でも同様に区別されている。“A prediction is defined as a deterministic statement that a future earthquake will or will not occur in a particular geographic region, time window, and magnitude range, whereas a forecast gives a probability (greater than zero but less than one) that such an event will occur.”（「地震予知」は、今後地震が特定の時間・空間・マグニチュードの範囲内において発生するという決定論的な発言だが、「地震予測」は今後の「特定の時間・空間・マグニチュード範囲内に」地震が発生する確率的〔ただし確率は０より大きく、１未満〕発言だ）Jordan, T.H., Yamaoka, K., et al., 2011. Operational earthquake forecasting: State of knowledge and guidelines for utilization. Annals of Geophysics 54(4), doi: 10.4401/ag-5350.

1997年の「サイエンス」掲載「地震は予知できない」と題した私たちの論文　Geller, R.J., Jackson, D.D., Kagan, Y.Y., Mulargia, F., 1997. Earthquakes cannot be predicted. Science 275, 1616–1617. doi: 10.1126/science.275.5306.1616

Max WyssとRichard L. Acevesらの批判的コメントと、**私たちの回答**がScience 278, 487–490, 1997に掲載された。doi: 10.1126/science.278.5337.487

地震の予知、予測、予報研究に取り組む際のアプローチ　一般論として、地震の予知、予測、予報を科学的に目指す研究に取り組む際、２つのアプローチが考えられる。（１）理論に基づくアプローチ：例えば、大気海洋物理学分野の天気予報では、流体力学の研究成果に基づく気圧や気温などを盛り込んだ基礎方程式（Navier-Stokes equation）に従って、一定の予報が科学的に可能である。当然のことながら、時間が経つに伴い誤差は大きくなる。一方、地震発生についての基礎方程式はどうだろうか。残念ながら現時点で基礎方程式は存在しないし、地殻の応力場を随時に測定する手法も存在しないので、理論に基づく地震予知および予測はできないのだ。（２）経験的アプローチ：前もって識別することが可能な「前兆現象」が存在するなら、その前兆をキャッチし、予知を行う可能性はある。自然科学研究では、こういった経験的アプローチが成功することもあるので、試してみることを完全に否定するものではない。しかし地震学分野が開拓され始めた140年前から現在に至拡大（例：海底での海嶺）②横滑り（例：アメリカ・カリフォルニア州でのサンアンドレアス断層）③収束（例：ヒマラヤ山脈、海洋プレートの沈み込み帯）

ファインマンの発言　Feynman, R.P., 1965. The Character of Physical Law. MIT Press, Cambridge (156頁).

ＵＣＬＡチームによるコロンビア大学の研究者たちの予測試算の評価　ＵＣＬＡチームは、周期説の的中率は偶然より有意ではないことを示すことに成功した。ＵＣＬＡチームは計３回検証したが（最終回は2003年）、毎回の結果はいずれも「偶然より有意ではない」だった。私たちの学術雑誌に掲載された論文を参照。Kagan, Y.Y., Jackson, D.D., Geller, R.J., 2012. Characteristic earthquake model, 1884–2011, RIP. Seismological Research Letters 83, 951–953.　doi: 10.1785/0220120107

1984年に公表された日本の確率論的地震動予測地図に関しての初の論文　Wesnousky, S.G., Scholz, C.H., Shimazaki, K., Matsuda, T., 1984. Integration of geological and seismological data for the analysis of seismic hazard: A case study of Japan. Bulletin of the Seismological Society of America 74, 687–708. goo.gl/j8AQDo

地震本部のハザードマップ（確率論的地震動予測地図）について　ハザードマップ作成に使用される手法はPSHA（Probabilistic Seismic Hazard Analysis＝確率論的地震ハザード解析）という。全世界に幅広く使用されているが、検証を受けていない。これについて、私たちは以下の論文を公表した。Mulargia, F., Stark, P.B., Geller, R.J., 2017. Why is probabilistic seismic hazard analysis (PSHA) still used?, Physics of the Earth and Planetary Interiors 264, 63–75. doi: 10.1016/j.pepi.2016.12.002

私たちの論文についてのR. Consoleらによる批判的コメント（Physics of the Earth and Planetary Interiors 274, 214–215, 2018; doi: 10.1016/j.pepi.2017.09.009）と**私たちの回答**（Physics of the Earth and Planetary Interiors 274, 216–217, 2018; doi: 10.1016/j.pepi.2017.10.007）も公表された。

マグニチュード（M＝magnitude）と震度（intensity）の違い　地震のマグニチュードは地震の規模を表す値だ。一方、震度は任意のスケール（気象庁の最大震度は７）で特定の地点に観測された揺れを表す。かつては、震度は特定の点における建物が受けた被害を表したが、近年は震度計測スケールに切り替えている。

東日本大震災直後に「ネイチャー」に掲載された私の英語での論文　Geller, R.J., 2011. Shake-up time for Japanese seismology. Nature 472, 407–409. https://go.nature.com/2QOKHJg　公式の日本語版「日本の地震学、改革の時」へのリンク先は以下参照。https://go.nature.com/2QSm8et この論文か

参考文献・補足解説

本書では、読みやすさを優先し本文中の脚注・出典明記などは最小限にとどめている。ここに参考文献と補足解説を章ごとに掲載するので、関心のある方は参照されたい。参考資料のリンク先もあわせて掲載している。使い勝手のよいリンクを掲載するために多くの場合、リンクショートナーを使ったが、学術雑誌に掲載された論文については、リンクショートナーを使わずに文献のdoi（デジタル・オブジェクト・アイデンティファイアー）を記した。一部のリンク先は有料コンテンツである。また、残念ながら時間が経つとリンクが使えなくなる可能性もあるが、ご容赦願いたい。なお、ここでは敬称を省略する。

■著者ロバート・ゲラーについての情報

公式ツイッター：@rjgeller
主要研究業績目録（グーグル・スカラー）：goo.gl/Y8YCzM
著書：『日本人は知らない「地震予知」の正体』（双葉社、2011年）
オンデマンド印刷版：goo.gl/aigtLj／キンドル版：goo.gl/894SVY

はじめに

地震の死亡者・行方不明者数データについて　1984年長野県西部地震のデータは砂防学会誌に掲載された佐々木克芳の論文「昭和59年長野県西部地震災害—よみがえる御岳—」（Vol. 49, No. 5, pp. 57-59, 1997）を参照。goo.gl/ZEZcQD
他の地震のデータについては気象庁の公式サイトを参照。goo.gl/XnyfRM

第1章

寺田発言　『日本の地震予知研究130年史』（泊次郎著、東京大学出版会、2015年、161頁）

これまでの失敗した地震予知研究をまとめた私のレビュー（総説）論文
Geller, R.J., 1997. Earthquake prediction: a critical review. Geophysical Journal International 131, 425–450.　doi: 10.1111/j.1365-246X.1997.tb06588.x（なおこの論文を発表したのは本書を上梓する21年前だが、この間に成功した予知研究は皆無だった）

H・F・リード（H.F. Reid）と弾性反発説について　goo.gl/hTd9am

プレート境界で起きるプレート同士の３つのタイプの相対的運動について　①

ロバート・ゲラー（Robert Geller）

1952年アメリカ・ニューヨーク市生まれ。1977年カリフォルニア工科大学地球惑星科学研究科博士課程修了(Ph.D.)。カリフォルニア工科大学地球惑星科学研究科特別研究員、スタンフォード大学地球物理学科助教授を経て、1984年より東京大学理学部（当時）助教授、1999年より同大大学院理学系研究科教授。2017年3月に定年退職、同年6月に東京大学名誉教授称号取得。東京大学で初めての任期なし外国人教員。主要研究テーマは、地震波動論および地球３次元内部構造推定、地震予知・予測の可能性の有無。著書に『日本人は知らない「地震予知」の正体』（双葉社）がある。テレビや新聞・雑誌など、メディア、講演会でも積極的に発言を続けている。趣味はコントラクト・ブリッジ。

ゲラーさん、ニッポンに物申す

2018年11月30日　初版印刷
2018年12月10日　初版発行

著　　者　ロバート・ゲラー
発 行 者　金田　功
発 行 所　株式会社 東京堂出版
〒101-0051　東京都千代田区神田神保町1-17
電　話　(03)3233-3741
http://www.tokyodoshuppan.com/
編集協力　荒井香織
装　　丁　斉藤よしのぶ
Ｄ Ｔ Ｐ　株式会社 オノ・エーワン
印刷・製本　中央精版印刷株式会社

ISBN978-4-490-20995-2 C0095